Verena Baldus

50 Dilemma Geschichten

Argumentieren Diskutieren und Entscheidungen finden

Klasse 3/4

Verlag an der Ruhr

Impressum

Titel
50 Dilemmageschichten für Kinder, Klasse 3/4
Argumentieren, Diskutieren und Entscheidungen finden
– *aktualisierte Neuauflage*

Autorin
Verena Baldus

Umschlagmotive
Turnschuhe: © Robert Plociennik, Pfeile: © New Africa, Hase: © Nicoleta Ionescu
– alle Shutterstock.com

Illustrationen
überwiegend Anja Boretzki

Druck
Athesia Druck GmbH, Bozen, IT

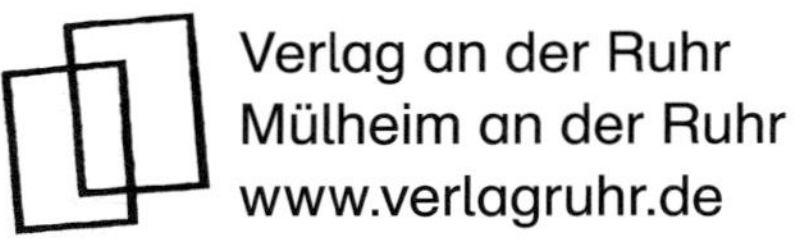
Verlag an der Ruhr
Mülheim an der Ruhr
www.verlagruhr.de

Geeignet für die Klassen 3–4

ISBN 978-3-8346-6658-1

(Dies ist eine aktualisierte Neuauflage des Titels „50 Dilemmageschichten für Kinder, Klasse 3/4: zum Diskutieren, Schreiben, Weiterspielen“ ISBN 978-3-8346-0549-8)

Inhaltsverzeichnis

Vorwort

Liebe Leser*innen[1],

ich lade Sie herzlich dazu ein, mit der vorliegenden Sammlung von Dilemmageschichten ein paar spannende und abwechslungsreiche Unterrichtsstunden gemeinsam mit Ihren Schüler*innen* zu erleben. Damit Sie die Dilemmageschichten gezielt und effektiv in Ihren Unterricht integrieren können, möchte ich Ihnen vorab einige wichtige Hinweise und Tipps zur Arbeit an die Hand geben.

◆ Gute Gründe für Dilemmageschichten

In der vorliegenden Arbeitsmappe finden Sie 50 fiktionale Geschichten mit offenem Ende, in denen **moralische Konfliktsituationen** aus dem kindlichen Alltag aufbereitet sind, welche von Kindern durchaus als ausweglos und unlösbar erlebt werden, etwa so, wie Erwachsene dies bei einem echten Dilemma erleben würden. Die Dilemmageschichten greifen gezielt Erfahrungen aus der **Lebenswelt** der Kinder auf und ermöglichen damit ein lebensweltbezogenes Lernen sowie eine aktive Auseinandersetzung mit der Wirklichkeit im Unterricht.

Alle Geschichten nehmen Bezug auf zentrale Erlebnisbereiche der Kinder. So spielen insbesondere das **freundschaftliche** und **familiäre** Zusammenleben sowie der **schulische** Handlungsbereich eine besondere Rolle. Aspekte wie Gemeinschaft, Loyalität, Nächstenliebe, Einfühlungsvermögen, Verantwortung, Mut, Ehrlichkeit, Respekt, Toleranz, Vertrauen, Gerechtigkeit, Gewissen, Moral, aber auch zentrale Gefühle wie Angst, Scham, Wut, Eifersucht, Neid, Stolz, Enttäuschung und Verzweiflung werden in den Geschichten unter verschiedenen Blickwinkeln direkt oder indirekt thematisiert.

Die Geschichten sind in ihren Themen und Hintergründen vielschichtig und **mehrdimensional** angelegt. So wirft jede Geschichte immer eine ganze Reihe von Diskussionsfragen auf. Denn um die Problematik einer Geschichte vollständig zu erfassen, müssen die Kinder jene unter verschiedenen Perspektiven beleuchten. Eine Auswahl an relevanten Fragestellungen finden Sie unter jeder Geschichte. Mit Blick auf Ihre Lerngruppe können Sie hier eigene Schwerpunkte setzen, indem Sie die Fragen zum Text im Dialog spezifizieren oder eigene Fragen ergänzend im Gespräch stellen.

Besonders förderlich bei der Arbeit mit Dilemmageschichten ist, dass jede Art von Diskussion immer in einem **geschützten Raum** stattfindet: Die Schüler*innen können über heikle Fragen und Situationen vorbehaltlos diskutieren, ohne in irgendeiner Weise selbst betroffen zu sein. In einer realen Problemsituation hingegen wären die Kinder persönlich zu sehr involviert, sodass sie gar nicht die Ruhe, objektive Distanz oder gar den Mut hätten, offen und befreit über die Situation zu reflektieren. Dadurch, dass die Kinder hier aber über eine fiktive Situation mit hohem **Identifikationspotenzial** sprechen, behalten sie einen ungetrübten Blick auf das Problem.

◆ Lehr- und Lernziele

Der Gegenstand der Dilemmageschichten wird in dieser Arbeitsmappe jedoch nicht nur über das bloße Diskutieren erschlossen. Verschiedene **Aufgaben und handlungsorientierte Impulse** wie das szenische Spiel oder das Schreiben zu konkreten Schreibanlässen lassen den Kindern genügend Raum, ihre theoretischen Überlegungen zur Konfliktlösung praktisch umzusetzen, zu erproben und zu überprüfen.

Jede Dilemmasituation räumt unterschiedliche, bisweilen sogar diskrepante Lösungsmöglichkeiten ein. Es gibt kein eindeutiges Pro oder Kontra und damit auch kein bedingungslos richtiges, sozial erwünschtes oder falsches Handeln. Jede Art, zu reagieren bzw. zu handeln, kann aus einer bestimmten Sichtweise heraus gerechtfertigt sein. Aus diesem Grund werden Ihre Schüler*innen nicht leichtfertig auf die Diskussionsfragen zu den Dilemmageschichten antworten können.

---

[1] Der Verlag an der Ruhr legt großen Wert auf eine geschlechtergerechte und inklusive Sprache. Daher nutzen wir neutrale Formulierungen oder das Gendersternchen, um alle Menschen unabhängig von Geschlecht oder Geschlechtsidentität einzuschließen. In Texten für Schüler*innen finden sich aus didaktischen Gründen neutrale Begriffe bzw. Doppelformen.

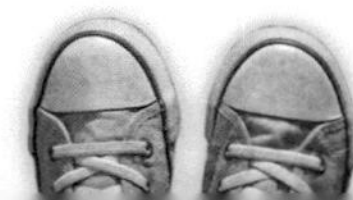

Vorwort

In diesem Zuge entwickeln sie aber unweigerlich ein Bewusstsein dafür, dass ein Problem grundsätzlich mehrere Facetten haben kann und daher immer von verschiedenen Blickwinkeln aus betrachtet werden muss. Sie lernen, dass es immer einer **reflektierten Auseinandersetzung** mit der spezifischen Situation und Problematik bedarf, um eine angemessene Konfliktlösung zu erreichen.

Handlungs- und Konfliktlösungskompetenzen sind eine unverzichtbare Voraussetzung für ein friedvolles soziales Miteinander. Die soziale Handlungsfähigkeit als übergeordnete Kompetenz zeigt sich wiederum in bestimmten Teilkompetenzen: Sprachlich gezielt argumentieren können, selbstbewusst die eigene Meinung vertreten, auf Äußerungen anderer eingehen, fremde Sichtweisen annehmen, zuhören, sensibel sein für die eigenen, aber auch für die Gefühle anderer, moralisch bewusst urteilen und verantwortungsbewusst handeln – das alles sind Fähigkeiten, die für das Zusammenleben in einer sozialen Gemeinschaft unabdingbar sind. Die **Sprache** ist dabei das Medium, mit dem Menschen miteinander kommunizieren müssen. Und so können emotionale und soziale Zusammenhänge letztlich nur über die Sprache erschlossen werden.

Zu den Dilemmageschichten gibt es Diskussionsfragen und handlungsorientierte Aufgaben und Impulse – leicht umsetzbare Methoden, mit denen Sie sowohl die mündliche und schriftliche **Sprachkompetenz** als auch die **Sozialkompetenz** und **Urteils- und Entscheidungsfähigkeit** Ihrer Schüler*innen anhand von konkreten Verwendungskontexten effektiv und offen fördern können. Auf recht unkomplizierte Weise erreichen Sie so wesentliche Lehr- und Lernziele der aktuellen Richtlinien.

Ihre Schüler*innen trainieren im Besonderen:

- einen Text sinngebend zu lesen,
- einen fiktiven Sachverhalt zu reflektieren,
- ihre sprachliche Ausdrucksfähigkeit, indem sie die eigenen Gedanken in Worte fassen,
- die eigene Meinung argumentativ zu vertreten,
- dem*der Gesprächspartner*in genau zuzuhören,
- sich unmittelbar auf die Redebeiträge ihrer Gesprächspartner*innen zu beziehen,
- angeleitetes und adressatenorientiertes Schreiben zu verschiedenen Schreibimpulsen und -anlässen,
- Ausdrucksmöglichkeiten im szenischen Spiel,
- sich in andere Rollen zu versetzen/einen Perspektivwechsel vorzunehmen (Empathie),
- soziale Handlungs-, Konflikt- und Problemlösestrategien,
- den sozialen Umgang mit anderen; Konsensbildung.

Darüber hinaus erwerben Ihre Schüler*innen auch wichtige methodische Kompetenzen. Denn die Materialien sind so konzipiert, dass sie problemlos bei der **Teamarbeit im offenen Unterricht** eingesetzt werden können. Die Schüler*innen werden erfahren, dass der Austausch mit anderen, das gemeinsame Arbeiten und Lernen, das Lernen voneinander nicht nur mehr Spaß machen, sondern insgesamt auch zu besseren Ergebnissen führt. Über die Teamarbeit trainieren Ihre Schüler*innen also auch gezielt ihre **kooperativen Fähigkeiten**.

◆ Einsatz im Unterricht

Das Arbeitsmaterial eignet sich besonders zur Förderung der Sprachkompetenz im **Deutschunterricht** an Grund- und Förderschulen. Darüber hinaus können Sie die Dilemmageschichten aber auch fächerübergreifend zur Sozialerziehung im **Lebenskunde-, Religions- und Ethikunterricht** einsetzen. Und auch im außerschulischen Bereich, etwa in der kirchlichen **Kinder- und Jugendarbeit**, in **Streitschlichter-AGs** oder in **Debattierclubs** können Sie die Dilemmageschichten verwenden.

Vorwort

Konzeption des Materials

Die Dilemmageschichten in dieser Arbeitsmappe sind immer einem von drei **Handlungsbereichen** zugeordnet:

→ Schule 

→ Freundeskreis 

→ Familie 

Die thematische Einteilung richtet sich hierbei danach, in welcher Situation der Konflikt entsteht: Eine Dilemmasituation, die ein Kind in einer freundschaftlichen Beziehung erlebt, kann zwar in der Schule auftreten, der angesprochene Handlungsbereich ist aber dennoch die freundschaftliche Beziehung. Eine solche Dilemmageschichte ist daher dem Handlungsbereich „Freundeskreis" und nicht dem Bereich „Schule" zugeteilt.

Diskussionsfragen: „Darüber solltet ihr sprechen"

Zu jeder Dilemmageschichte findet sich eine Auswahl von Diskussionsfragen. Sie geben den Kindern wichtige Anregungen zur Reflexion über die jeweilige Dilemmasituation. Die Fragen fokussieren zentrale Aspekte des Konflikts, indem sie den Blick gezielt auf das Verhalten und die Reaktionen der beteiligten Personen richten. Mithilfe der Diskussionsfragen hinterfragen die Kinder **Ursachen** des Konflikts, beleuchten das **Verhalten** der beteiligten Personen kritisch und denken gezielt über alternative **Handlungsmöglichkeiten** nach. Auf diese Weise sammeln sie Argumente für ihre Meinungsbildung und tauschen sich in der Gruppe aus. Möglicherweise überdenken sie ihre Meinung auch noch einmal. Ziel der Gruppendiskussion ist, dass die Schüler*innen kreative **Ideen zur Konfliktlösung** gemeinsam entwickeln und schließlich zu ihrer persönlichen Sicht der Dinge gelangen.

Aufgaben und Impulse: „Jetzt seid ihr an der Reihe"

Zu jeder Dilemmageschichte finden Sie handlungsorientierte Arbeitsaufträge. Die Diskussion anhand des Fragenkatalogs stellt die Vorbereitungsphase für die handlungsorientierten Aufgaben und Impulse dar. In den konkreten Arbeitsaufträgen sollen die Schüler*innen ihre Ideen, Argumente und Erkenntnisse aus der Diskussionsphase gezielt einbringen. Zu folgenden Hauptkategorien bieten die Materialien Arbeitsaufträge an:

▸ **„Schreiben"**
In der Kategorie „Schreiben" sollen die Kinder zu verschiedenen Schreibimpulsen und -anlässen eigene Texte verfassen. In erster Linie geht es darum, die jeweilige Dilemmageschichte zu Ende zu schreiben. Hier haben die Kinder Gelegenheit, ihre Ideen zur Konfliktlösung in Form eines erzählenden Textes umzusetzen. Bisweilen werden aber auch alternative Schreibanlässe vorgegeben, damit die Schüler*innen noch andere Aspekte des Schreibens erproben können. So schreiben sie z. B. einen Entschuldigungsbrief o. Ä. und thematisieren den Konflikt zunächst noch einmal, bevor sie dann ihre Ideen zur Konfliktlösung entfalten können. Bei jeder Schreibübung trainieren die Kinder situationsbezogenes und strukturiertes Schreiben und verbessern so ihre schriftliche Sprachkompetenz.

▸ **„Weiterspielen"**
In dieser Kategorie sollen die Schüler*innen die jeweilige Dilemmasituation szenisch darstellen bzw. weiterspielen. Ein zentrales Zitat aus der Geschichte selbst oder aber ein situationsbezogener Impuls liefern hier das Szenario. In Form eines **Standbildes** stellen die Kinder z. B. wichtige Passagen der Geschichte gestisch und mimisch dar. Das dient insbesondere dazu, die jeweilige Problematik zu wiederholen und sich die zentralen Gefühle der involvierten Personen bewusst zu machen. In Form eines improvisierten

Vorwort

Rollenspiels setzen die Schüler*innen ihre Ideen zur Konfliktlösung spielerisch um. Dadurch, dass sie den Konflikt mit verteilten Rollen nach- bzw. weiterspielen, lernen sie, verschiedene Perspektiven einzunehmen und sich in andere hineinzuversetzen. So trainieren sie ihre Empathiefähigkeit und entwickeln soziale Handlungsstrategien. Darüber hinaus bekommen sie ein Gespür dafür, wie komplex ein Konflikt sein kann und wie schwierig es infolgedessen ist, ihn zu lösen. Man braucht hier gute Argumente, die man klar und prägnant hervorbringt, damit andere sie nachvollziehen können. Beim Rollenspiel lernen die Schüler*innen, gezielt zu argumentieren, um das Gespräch voranzutreiben und den Konflikt schließlich mit Worten friedlich zu lösen. Gleichzeitig trainieren sie ihre mündliche Sprachkompetenz und entwickeln zunehmend mehr Freude am Gespräch mit anderen.

► **„Gestalten"**
In der Kategorie „Gestalten" haben die Kinder die Möglichkeit, eine Dilemmasituation künstlerisch aufzuarbeiten. Indem sie z. B. ein Bild oder eine Karikatur zu einer Schlüsselszene einer Geschichte anfertigen, können sie wesentliche Aspekte eines Konflikts bildnerisch herausarbeiten. Wenn sie eine Bildergeschichte oder einen Comic konzipieren und zeichnen, können sie so die Wege zur Konfliktlösung kreativ darstellen. Das künstlerische Gestalten regt die Fantasie der Schüler*innen in besonderer Weise an, weil es eine willkommene Abwechslung zum Schreiben und Spielen ist. So ist der Lernprozess aufgelockert, was möglicherweise zu neuen, vielleicht sogar ungeahnten, kreativen Konfliktlösungsansätzen führt.

◆ Verschiedene Lernkanäle

Alles in allem sind die Arbeitsmaterialien mit ihren Diskussionsfragen und Arbeitsaufträgen so gehalten, dass im Arbeits- und Lernprozess möglichst verschiedene Lernkanäle angesprochen werden. Denn dies trägt zu einem **nachhaltigeren Lernen** bei: Wenn beim Diskutieren allein der auditive Lernkanal involviert ist, so beziehen das Schreiben und künstlerische Gestalten den visuellen und kinästhetischen Kanal mit ein. Bei einem Rollenspiel sind gleich drei Kanäle aktiv: der visuelle, auditive und kinästhetische Lernkanal.

◆ Ankreuzmöglichkeit

Die vorgestellten Typen von Arbeitsaufträgen sind nicht grundsätzlich für jede Dilemmageschichte gleichermaßen sinnvoll. Aus diesem Grund finden Sie für jede spezifische Dilemmageschichte eine Auswahl von geeigneten Arbeitsaufträgen. Welche davon Sie wirklich mit Ihren Schüler*innen bearbeiten, sei Ihnen selbst überlassen. Das hängt u. a. davon ab, welche Kompetenzen Sie bei Ihrer Lerngruppe **schwerpunktmäßig fördern** wollen. Sie haben die Möglichkeit, Arbeitsaufträge vorab auszuwählen, indem Sie genau die Aufgaben ankreuzen, die Sie für Ihre Lern- und Lehrziele und im Hinblick auf die spezifische Klassensituation als sinnvoll erachten. Natürlich können Sie immer eigene Diskussionsfragen und Arbeitsaufträge ergänzen, sofern Ihnen diese für die Bedürfnisse Ihrer Schüler*innen geeigneter erscheinen.

◆ Tippkarten

Zu den verschiedenen Typen von Arbeitsaufträgen finden Sie zu Beginn dieser Mappe (Seite 15 – 20) Tippkarten **für die Hand der Schüler*innen**. Diese können Sie den Kindern bei der Bearbeitung mit an die Hand geben. Die Tippkarten liefern methodische Hinweise zur Bearbeitung eines Arbeitsauftrags. Hier können die Lernenden noch einmal schnell und gezielt nachlesen,

- → wie man sich einen Text erschließt,
- → was man beachten muss, wenn man eine Diskussion führt,
- → wie man ein Rollenspiel durchführt,
- → wie man ein Standbild gestaltet,
- → worauf man achten sollte, wenn man einen erzählenden Text schreibt,
- → worauf man achten sollte, wenn man einen Brief oder eine E-Mail schreibt,

Vorwort

→ wie man einen Comic oder eine Bildergeschichte konzipiert,

→ was eine Karikatur ist und worauf man achten sollte, wenn man sie zeichnet.

◆ Auswahl-Hilfe

Bei der Auswahl einer bestimmten Dilemmageschichte, die Sie mit Ihrer Klasse bearbeiten wollen, hilft Ihnen die Tabelle auf den Seiten 10–14. Hier sind alle Dilemmageschichten gemäß der Reihenfolge in dieser Mappe aufgelistet und nach Handlungsbereich kategorisiert. Zu jeder Geschichte finden Sie unter dem Punkt „Themen und Diskussionspunkte" Hinweise zum Inhalt und wesentliche Diskussionsaspekte.

Didaktische Hinweise

Haben Sie eine Dilemmageschichte ausgewählt, beginnt die Erarbeitungsphase der Geschichten. Sie sollten dafür eine **Doppelstunde** einplanen. Gegebenenfalls können Sie Arbeitsaufträge, die vorzugsweise in Einzelarbeit erledigt werden sollen, wie z. B. das Verfassen eines Textes, als Hausaufgabe einsetzen. Die Präsentationsphase verlagert sich somit in die nächste Unterrichtsstunde. Die Diskussionsphase hingegen sollte aber in jedem Fall in die Unterrichtszeit fallen. Entweder der Austausch findet mit der gesamten Klasse im **Plenum** statt – dann moderieren Sie das Gespräch – oder Sie lassen die Kinder in **Kleingruppen** und in Eigenregie diskutieren.

◆ Den Text inhaltlich erschließen

Der erste Zugang zu jeder Dilemmasituation ist immer der Text selbst. Hier haben Sie verschiedene Möglichkeiten, die Kinder an den Textgegenstand heranzuführen:

1. Sie können den Text im **Plenum** vorlesen oder vorlesen lassen. Um sicherzustellen, dass alle Kinder den Inhalt verstanden haben, lassen Sie die Schüler*innen den Text inhaltlich wiederholen. Stellen Sie ggf. gezielte Nachfragen zum Text und geben Sie den Kindern Gelegenheit, Nachfragen zu stellen.
2. Die Lernenden lesen den Text in **Einzelarbeit** still. Anschließend lassen Sie den Inhalt im Plenum inhaltlich wiedergeben.
3. Die Schüler*innen bilden **Kleingruppen** aus etwa drei bis vier Kindern. Ein Kind aus der Gruppe liest den anderen den Text vor. Im anschließenden Gruppengespräch erschließen sich die Kinder dann gemeinsam den Inhalt, indem ein Kind aus der Gruppe nacherzählt, was in der Geschichte geschehen ist.
   Die anderen hören gut zu, korrigieren oder ergänzen. Bei Unstimmigkeiten hilft ein zweiter Blick in den Text.

◆ Diskussionsphase

Nachdem sich die Schüler*innen den Text inhaltlich erschlossen haben, gehen sie in die nächste Phase der Erarbeitung. Mithilfe der Diskussionsfragen sollen sie die Ursachen des jeweiligen Konflikts herausarbeiten, Handlungsweisen bewerten und über Lösungsmöglichkeiten reflektieren. Organisieren Sie die Diskussionsphase **keinesfalls lehrkraftzentriert**. Vielmehr sollen sich die Schüler*innen Konfliktlösungsmöglichkeiten und Handlungsstrategien aktiv selbst erarbeiten, um einen langfristigen Lerneffekt zu sichern. Denn nur wenn sie ihre Lösungswege selbst gefunden haben, können sie zu einem späteren Zeitpunkt Analogieschlüsse ziehen und auf ihr gelerntes Wissen zurückgreifen.

◆ Ihre Rollen: Lehrkraft – Lernende

Entweder der Austausch findet mit der gesamten Klasse im Plenum statt – dann **moderieren** Sie das Gespräch lediglich – oder Sie lassen die Kinder in Kleingruppen und in Eigenregie diskutieren. Sie entscheiden das mit jeder neuen Geschichte spontan und mit Blick auf die Bedürfnisse Ihrer Lerngruppe immer wieder neu. Wichtig ist allein, dass Sie sich als Lehrkraft **im Hintergrund halten**. Nur bei Problemen sollten Sie den Kindern **beratend** zur Seite stehen. Machen Sie ihnen dann deutlich,

→ dass alle Antworten und Meinungen erlaubt sind, sofern man sie begründen kann.

Vorwort

- → dass es kein absolut richtiges und absolut falsches Handeln gibt, sondern dass jede Art, zu handeln, ihre Berechtigung haben kann: Menschliches Handeln geschieht manchmal gefühlsgeleitet und Gefühle lassen sich nicht immer steuern.
- → dass dadurch Konflikte zustande kommen können, dass aber dennoch niemand für seine Gefühle angeklagt oder ausgelacht werden darf.

Verfolgen Sie die Diskussion der Kinder aus der **beobachtenden Position**. Nur wenn die Diskussion ins Leere zu laufen droht, sollten Sie eingreifen. In diesem Fall können Sie den Kindern kleine **Denkanstöße** geben. Eine kurze Anmerkung wie etwa *„Würdest du auch so handeln, wenn du selbst einen Nachteil davon hättest?"* reicht oft schon aus, um die Diskussion wieder aufleben zu lassen. Insbesondere hier sollten Sie aber darauf achten, dass die Formulierung Ihrer Denkanstöße nicht schon suggeriert, welche Antwort sozial erwünscht ist.
Die Kinder sollten in jedem Fall die Möglichkeit haben, eigene Lösungswege zu erarbeiten, denn nur so können sie bestimmte Lösungsstrategien verinnerlichen, auf die sie zu einem späteren Zeitpunkt zurückgreifen können.

◆ Die Umsetzung der Arbeitsaufträge

In welcher Sozialform die Kinder die Arbeitsaufträge umsetzen, erklärt sich in den meisten Fällen schon in der jeweiligen Aufgabe selbst. Dass man einen freien Text eher in Einzelarbeit schreibt, ein Rollenspiel aber in der Gruppe vorbereitet, liegt auf der Hand. Bereiten die Schüler*innen ein Rollenspiel vor, gibt es möglicherweise weniger Rollen als Kinder in der Gruppe. In diesem Fall erfindet die Gruppe weitere Rollen dazu, die sich problemlos in die Dilemmasituation integrieren lassen, wie etwa ein weiteres Kind, einen Bruder, eine Oma etc. In jedem Fall sollen alle Gruppenmitglieder aktiv am Rollenspiel teilnehmen können.

Wenn die Schüler*innen die Dilemmageschichten in mehreren Kleingruppen von drei bis vier Kindern bearbeiten, bieten sich im Wesentlichen zwei Gestaltungsmöglichkeiten:

1. Jede Gruppe bearbeitet dieselben Arbeitsaufträge zu einer ausgewählten Dilemmageschichte. In diesem Fall ist ein direkter Vergleich der Arbeitsergebnisse in den verschiedenen Gruppen möglich. Der Fokus liegt hier in erster Linie auf den unterschiedlichen Lösungsmöglichkeiten eines Konflikts.
2. Die Gruppen bearbeiten unterschiedliche Arbeitsaufträge zu einer ausgewählten Dilemmageschichte. Neben den verschiedenen Konfliktlösungsmöglichkeiten fokussieren sie hierbei auch die unterschiedlichen methodischen Herangehensweisen.

Geben Sie den Schüler*innen für die Durchführungsphase die entsprechenden Tippkarten mit an die Hand, die für ihren jeweiligen Arbeitsauftrag relevant sind.

◆ Präsentation der Arbeitsergebnisse

An jede Erarbeitungsphase schließt sich die obligatorische Präsentationsphase mit Nachbesprechung an. Hier können die Kinder bzw. die Arbeitsgruppen ihre Ergebnisse im Plenum präsentieren und auswerten. Dabei ist es wichtig, dass Sie diese letzte Arbeitsphase moderieren, um die Ergebnissicherung zu gewährleisten. Eine Präsentation mit Nachbesprechung könnte nun folgendermaßen aussehen: Zuerst werden die Arbeitsergebnisse aller Gruppen präsentiert. Das können dann z. B. zwei Rollenspiele oder ein Rollenspiel und ein erzählender Text sein. Anschließend vergleichen die Schüler*innen ihre Ergebnisse und kommentieren sie.

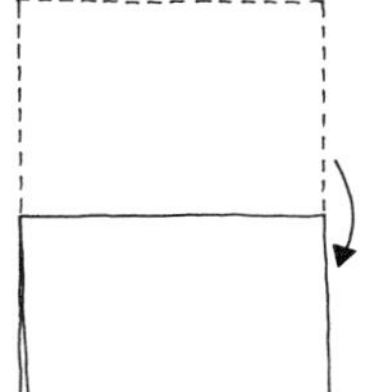

Tipp: Sie können die Arbeitsblätter auch als Dilemma-Karteikarten einsetzen, indem Sie sie in der Mitte falten und zu Karten laminieren.

Ich wünsche Ihnen viel Freude bei der Arbeit mit den Dilemmageschichten!
Verena Baldus

Geschichten und Themen auf einen Blick

Nr.	Titel	Plot	Themen
		Schule	
1.	**Papas Unterschrift ist doch ganz leicht**	Kind hat eine 5 in der Mathearbeit und fälscht die Unterschrift des Vaters.	Ehrlichkeit, Noten, Notendruck, Gewissen, Täuschung, Vertrauen, lügen
2.	**Erwischt!**	Kind wird bei einem Täuschungsversuch erwischt, den es nicht begangen hat. Eigentlich verantwortliches Kind schweigt.	Ehrlichkeit, Aufrichtigkeit, Verantwortung übernehmen, Fairness, Gewissen, für sich selbst oder andere einstehen
3.	**Nur für den Notfall**	Kind führt verbotenerweise ein Handy mit auf die Klassenfahrt.	Medien in der Schule; sich an zuvor vereinbarte allgemeine Regeln halten, was ist ein Notfall?
4.	**Trotzdem eine Eins**	Ukrainisches Kind bekommt eine Eins trotz zahlreicher RS-Fehler. Ein anderes Kind findet das ungerecht.	Leistungsbeurteilung, Deutsch als Zweitsprache/Fremdsprache, Neid, Differenzierung, Gerechtigkeit, Wohlwollen, Ermutigung, Motivation, Verständnis
5.	**Jakobs neues Schnitzmesser**	Kind führt ein Taschenmesser mit in die Schule und weigert sich, es der Lehrkraft zu geben.	Schulregeln, Sicherheit in der Schule, lügen, sich einer Regel widersetzen, Eigentum
6.	**Das ist Gerechtigkeit!**	Kind entwendet aus Wut auf die Lehrerin deren vergessenes Handy vom Pult.	Medien in der Schule, Eigentum, Schulregeln beachten, respektvolles Verhalten, ausgleichende Gerechtigkeit, Datenschutz
7.	**Das ist nicht mehr lustig!**	Kind wird von anderen Kindern in der Klasse gemobbt und hat Angst, sich der Lehrkraft anzuvertrauen.	Mobbing, sich jmd. anvertrauen, sich Hilfe holen, sich selbst helfen, transparente Kommunikation, soziale Gemeinschaft, wertschätzender Umgang, Angst, Scham
8.	**Fass mein Haar nicht an!**	Kind trägt Afro und erfährt, wie Erwachsene in sein Haar fassen; Kind ermächtigt sich in der Situation.	Alltagsrassismus, Selbstermächtigung, respektvoller Umgang mit persönlichen Grenzen, für sich einstehen
9.	**Briefgeheimnis**	Kinder lästern in einem Brief über ihren Lehrer; der Brief gelangt in dessen Hände.	Verantwortung für das eigene Handeln übernehmen, Reue, Scham, Mitgefühl, Taktgefühl, sensibler Umgang mit den Gefühlen anderer, Gewissen
10.	**Die geklaute Gruselgeschichte**	Kind schreibt bei einem Freund eine Hausaufgabe ab und bekommt ein Lob für die fremde Leistung.	Lügen, Verantwortung für das eigene Handeln übernehmen, Aufrichtigkeit, Ehrlichkeit, Wut, Gewissen, für sich einstehen
11.	**Digga, du läufst wie ein Mädchen!**	Kind beschimpft und beleidigt andere Kinder auf sexistische Weise im Sportunterricht.	Sexismus im Sportunterricht, Toleranz, Grenzen, Respekt, Gendersensibilität, Teamgeist, Ehrgeiz
12.	**Das Kreide-Trampel-Weitsprung-Spiel**	Kinder versauen in Abwesenheit der Lehrkraft den Klassenraum.	Verantwortung für das eigene Handeln übernehmen, petzen, zusammenhalten, Ehrlichkeit, Aufrichtigkeit

Geschichten und Themen auf einen Blick

13.	**Der verschwundene Funkel-Ring**	Kind stiehlt einem anderen Kind einen schönen Ring.	Diebstahl, Unehrlichkeit, Vertrauen, Misstrauen, Unterstellung
14.	**Der Reisenerzähler**	Kind lügt seinen Mitschüler*innen von spektakulären Auslandsreisen vor; die Lüge droht aufzufliegen.	lügen, flunkern, ertappt werden, Scham, Fantasie, sich interessant machen, Blamage, sich vorgeführt fühlen
15.	**Klassendienst erledigt?**	Kind erledigt seinen Klassendienst nicht und steht nicht dazu.	Ämter übernehmen in der Klasse, Verantwortung für das eigene Handeln übernehmen, lügen, Gewissen, Unterstellung
16.	**Fietes Ausraster**	Kind hat Schwierigkeiten beim Verlieren und rastet bei einem Teamspiel vor Wut aus.	Teamspiel, Wut, starke Gefühle unter Kontrolle haben, ausrasten, körperlich werden, verlieren können, Spielregeln beachten
17.	**Zu schnell gedreht**	Kind wird auf einem Spielgerät schlecht, weil ein anderes Kind zu schnell andreht, und muss sich im Schulhaus übergeben.	Verantwortung für das eigene Handeln übernehmen, Schuldfrage klären, Gewissen, Fürsorge, Umgang mit Stopp und Grenze
18.	**Ich wusste es zuerst!**	Kind weiß die Antwort auf eine schwierige Frage. Freundin „klaut“ die Antwort und kassiert Lob.	Neid, Leistungskonkurrenz, Lob, Vertrauen, Ehrlichkeit, Reue, Scham, Freundschaft, Wut, Enttäuschung, schlechtes Gewissen
19.	**Buntes Frühstück aus aller Welt**	Klasse will ein interkulturelles Frühstück veranstalten, doch die Frühstücksvorlieben der Kinder sind gar nicht so interkulturell verschieden wie angenommen.	Vielfalt, Gleichheit, Nationalitäten, Kulturen, Essgewohnheiten, Interkulturalität, Individualität, Gemeinschaft, Sozialisierungen, Alltagsrassismus, Sensibilisierung
20.	**Wer bekommt Mario Marionetti?**	Zwei Freundinnen wollen im Puppentheater eine bestimmte Figur spielen; die eine Freundin nutzt die Abwesenheit der anderen Freundin, um sich die Rolle zu schnappen.	Freundschaft, Ehrlichkeit, Empathie, Neid, Konkurrenz, Gewissen, für die eigenen Wünsche und Bedürfnisse einstehen, jmd. hintergehen, das Recht auf etwas haben
		Freundeskreis	
21.	**Nachrichtenkontrolle**	Kind möchte die Freundschaften der Mitschüler*innen kontrollieren und deren private Nachrichten im Handy checken.	Freundschaft, Privatsphäre, Datenschutz, Vertrauen, Übergriffigkeit, Kontrolle, Angst, Abhängigkeit, schlechte Beziehungserfahrung, Grenzüberschreitung, Selbstbewusstsein, Selbstbestimmung, Abgrenzung, Grenzen setzen
22.	**Angst vor Rob**	Kinder werden von einem älteren Schüler drangsaliert, abgezockt und bedroht. Sie überlegen, wie sie sich schützen können.	Angst, Bedrohung, sich jemandem anvertrauen, Gewalt, gewaltfreie Lösung, Erpressung, Prävention

Geschichten und Themen auf einen Blick

23.	**Linus muss sich entschuldigen**	Kind ist garstig zu seinem Freund und entschuldigt sich später, aber nur auf Wunsch seines Vaters. Der Freund hat Schwierigkeiten, die Entschuldigung anzunehmen.	Bedeutung einer Entschuldigung, Ehrlichkeit, echte Reue, aufrichtige Entschuldigung, etwas gegen das eigene Empfinden tun, für sich selbst einstehen, Bauchgefühl, Selbstfürsorge
24.	**Läuse-Alarm**	Kind hat eine Läuseinfektion und wird damit von anderen Kindern aufgezogen.	Scham, Wut, Freundschaft, Vertrauen, Verlässlichkeit, Enttäuschung, einen Fehler zugeben, Loyalität
25.	**Eine preiswerte Deluxini-Jeans**	Kind wünscht sich eine überteuerte und gehypte Markenjeans, die seine Eltern nicht kaufen wollen.	Markenwahn, Wertschätzung für Dinge, Sensibilität für Preise und den Wert von Dingen, Gruppendruck, Klassismus, Angst vor Bewertung
26.	**Nacheingeladen**	Kind bekommt als einziges keine Einladung zum Kindergeburtstag. Als jemand absagt, wird das Kind nacheingeladen, kann sich aber nicht mehr freuen.	Enttäuschung, sich ausgeschlossen fühlen, Empathie, Taktlosigkeit, Selbstwertgefühl, Stolz
27.	**Eine fragliche Mutprobe**	Kinder werden von älteren Kindern dazu aufgefordert, eine Mutprobe zu machen, in der sie für Geld nackt über den Spielplatz laufen und sich dabei filmen lassen sollen. Am Ende verhandeln sie darüber, ob sie sich zumindest in Unterhose für Geld filmen lassen.	Bedeutung von Mutproben, sozialer Druck durch die Verhandlung des Geldes, persönliche und körperliche Grenzen, Übergriffigkeit, Schutz des eigenen Körpers/der eigenen Person/der eigenen Daten, Mediennutzung, Risiken von Social Media
28.	**Nicklas ist in Anna verliebt**	Kind mag ein anderes Kind und wird damit aufgezogen, verliebt zu sein.	Verliebtsein, Scham, zu seinen Gefühlen stehen, mutig sein, aufrichtig sein, verletzlich sein, taktlos sein, sich in die Angelegenheiten anderer einmischen, jemanden ärgern/bloßstellen
29.	**Ich hatte die Idee zuerst**	Kind hat eine kreative Idee für den Haarschmuck seines Pferdes. Freundin klaut die Idee und erlangt Anerkennung.	Gehören einem gute Ideen?, sich mit den Ideen einer anderen Person schmücken, Wut, Enttäuschung, Freundschaft
30.	**Das unterschlagene Mitbringsel**	Kind enthält einer Freundin einen verloren geglaubten Gegenstand vor, wohlwissend, dass die Freundin ihn gerne zurückhätte.	Ehrlichkeit, lügen, Freundschaft, Vertrauen, Eigentum, Wert eines Geschenks, teilen, das Recht auf etwas haben, schlechtes Gewissen
31.	**Abenteuerliches Zeltlager**	Kind macht Pipi ins Zelt, weil es sich im Dunkeln allein nicht zur Toilette traut; Freundinnen wollen es nicht begleiten.	Schuld, Schuldfrage, Freundschaft, Hilfsbereitschaft, Bitten, Entgegenkommen, Gefälligkeit, Fürsorglichkeit, Angst, Mut, Empathie

Geschichten und Themen auf einen Blick

32.	**Elifs große Chance**	Kind ist erfolgreich im Ballett und bekommt das Angebot, an einem Tanzwettbewerb teilzunehmen. Freundin ist eifersüchtig und droht, die Freundschaft zu kündigen.	Neid, Eifersucht, Missgunst, Freundschaft, Wohlwollen, Empathie, Erpressung, Fairness
33.	**Ricos Pflege-kaninchen**	Kind wünscht sich ein Kaninchen, seine Eltern erlauben kein Tier. Da erhält es das Angebot einer Freundin, deren Kaninchen zu pflegen – zu undankbaren Konditionen.	Haustiere, Verantwortung für ein Tier übernehmen, Herzenswünsche, unlauteres Angebot, jemanden ausnutzen, Fairness, Egoismus, sich veräppelt fühlen, jmd. ausnutzten wollen
34.	**Erlebnisbad statt Hausaufgabenhilfe**	Kind versetzt einen Freund, dem es Unterstützung bei den Hausaufgaben zugesagt hatte, um mit einem anderen Freund ins Schwimmbad zu gehen.	Lügen, Notlügen, Verlässlichkeit, sich verleugnen lassen, Ehrlichkeit, Verantwortung, Hilfsbereitschaft, eigene und fremde Wünsche und Bedürfnisse, Freundschaft, schlechtes Gewissen
35.	**Kalle Holzkopf fehlt**	Kind entwendet ein begehrtes Spielzeug, das der Freund seiner Schwester bei ihnen zu Hause vergessen hat.	Ehrlichkeit, Diebstahl, ausleihen, vorenthalten, unterschlagen, offene Kommunikation, Eigentum anderer
36.	**Moritz ist weg**	Familie vermisst ein Kaninchen, weil der Freund des einen Kindes vermutlich den Kaninchenstall nicht richtig zugemacht hat.	Schuld, Konsequenzen für unumsichtiges Handeln, Vorwürfe, Unterstellungen, Behauptungen machen ohne Beweise, schlechtes Gewissen haben
		Familie	
37.	**Erst denken, dann reden?**	Kind soll sich auf Aufforderung der Eltern mehr im Unterricht beteiligen, um bessere Noten zu bekommen.	Noten, Notendruck, Leistungsdruck, das Gefühl, nicht zu genügen oder Anforderungen/ Erwartungen der Eltern nicht zu erfüllen
38.	**Herzenswunsch**	Kind ist empört, als es das Gewinnspiel eines gehypten Influencers und damit das begehrte Skateboard verpasst, weil die Eltern ihm Social Media verboten haben.	Herzenswünsche, Wünsche hegen, Influencer*innen, Social Media, Gewinnspiele, Konsumverhalten, Neid
39.	**Geburtstags-überlegungen**	Kinder diskutieren, ob man andere Kinder zum eigenen Geburtstag einladen muss, wenn man zuvor bei ihnen auch als Gast zum Geburtstag war.	persönliche Beziehung, Bedeutung von Geburtstagsfesten und -gästen, Wertschätzung, etwas schuldig sein, Gerechtigkeit und Ausgleich
40.	**10 Euro für ein Perlenkrokodil**	Kind zerstört den selbst gemachten Anhänger eines anderen Kindes mutwillig.	materieller und ideeller Wert einer Sache, Wertschätzung und Respekt vor dem Eigentum anderer, Neid, etwas wiedergutmachen, ausgleichende Gerechtigkeit, Vergeltung

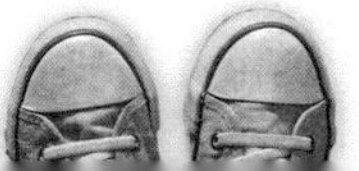

Geschichten und Themen auf einen Blick

41.	**Verzockt!**	Kind zockt ein Computerspiel mit kostspieligen In-App-Käufen für eine erfolgreichere Perfomance im Spiel.	Medien, Spielsucht, In-App-Käufe, Hersteller-Vertriebsstrategien, Risiken, Kontrolle, Wert/Preis eines Angebots, Kosten-Nutzen realisitisch einschätzen
42.	**Elinas Entscheidung**	Kind lebt im Wechselmodell und soll sich entscheiden, bei wem es wohnen soll, wenn seine Mutter aufs Land zieht.	Trennung, Familienmodell, Wohnsituation, Bürde einer Entscheidung, unter Druck sein, sich hilflos fühlen, Rücksichtnahme, erwachsene und kindliche Bedürfnisse
43.	**Die geschwänzte Klavierstunde**	Kind hat keine Lust auf die Klavierstunde, meldet sich mit Bauchschmerzen ab und trifft stattdessen Freunde.	Ehrlichkeit, Lügen, falsche Gründe vorgeben, ertappt werden, eigene Wünsche, Erwartungen von Eltern, Bedürfnisse vertreten, schlechtes Gewissen
44.	**Lassen Sie mich!**	Kind wird von einem fremden Mann in ein Gespräch verwickelt und fühlt sich unsicher.	Abgrenzen, aufmerksam sein, mutig sein, eigene Sicherheit, laut sein, Alarmglocken klingeln hören
45.	**Rausgerutscht**	Kind verrät seiner Schwester versehentlich, dass die Eltern eine Überraschungsparty für sie planen.	Schuldgefühl, schlechtes Gewissen, Verbindlichkeit, Versprechen, Achtsamkeit, Verlässlichkeit, Fahrigkeit, einen Fehler zugeben
46.	**Regeln zum Mittag**	Kind soll eine neue Wasserflasche im Keller holen, weil es die Flasche beim Essen geleert hat, fürchtet sich aber im Keller.	Angst, Regeln, Verlässlichkeit, Verantwortung, Gemeinschaft, transparente Kommunikation, für sich einstehen, zu seinen Gefühlen stehen
47.	**Total ungerecht**	Kind darf wegen einer Diabetes-Erkrankung nicht spontan Süßigkeiten essen und fordert von der Mama, dass die Brüder ihren Süßigkeitenkonsum an seine Diabeteserkrankung anpassen müssen.	Gemeinschaft, Geschwister, Solidarität, Gerechtigkeit, Rücksichtnahme, Empathie, Fürsorge
48.	**Peinliches Geschenk**	Kind bekommt von seiner Oma einen peinlichen babyhaften Pulli zum Geburtstag geschenkt und soll ihn auf Wunsch der Oma gleich zur Schule anziehen.	Dankbarkeit, Taktgefühl, Ehrlichkeit, Empathie, respektvoller Umgang, für sich einstehen, eigene Bedürfnisse, eigene Überzeugungen, Selbstbestimmtheit, Bauchgefühl
49.	**Heimliches Gruselkino**	Kind schaut heimlich und ohne Erlaubnis der Eltern eine gruselige Vampirserie und wird dann nicht allein mit seiner Angst fertig.	ein Verbot einhalten, Verantwortung, Verlässlichkeit, Selbstfürsorge, Fremdfürsorge, einen Fehler zugeben
50.	**Papas Patchwork-Pias**	Kind lebt in einer Patchworkfamilie, zweifelt an der ungeteilten Liebe seines Papas und will den Papa auf die Probe stellen.	Liebesbeweis, jemanden auf die Probe stellen, Gerechtigkeit unter Geschwistern, Bevorzugung, Benachteiligung, Gerechtigkeit, Anspruchshaltung, Gemeinschaft, Bedürfnisse

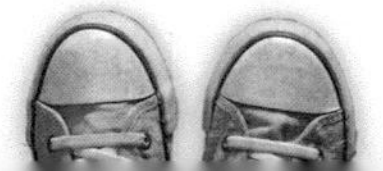

So verstehst du die Dilemmageschichte

1. Lies den Text langsam durch.
2. Lies den Text vielleicht auch ein zweites Mal.
3. Unterstreiche wichtige Stellen mit dem Bleistift.
4. Markiere mit einem Textmarker nur die wichtigsten Schlüsselwörter:
   - Welche Personen sind wichtig?
   - Warum entsteht der Konflikt?
   - Wie genau sieht der Konflikt aus? Welche Fragen entstehen?
5. Schreibe deine Schlüsselwörter auf einen Zettel.
6. Erzähle mithilfe der Schlüsselwörter auf dem Zettel die Dilemmageschichte nach.

So diskutiert ihr über die Dilemmageschichte

1. Setzt euch so, dass ihr einander ansehen könnt.
2. Versucht, euch alle am Gespräch zu beteiligen.
3. Achtet darauf, dass alle zu Wort kommen.
4. Lasst euch gegenseitig ausreden und ruft nicht dazwischen.
5. Hört einander zu.
6. Begründet eure Meinung.
7. Versucht immer, auf das einzugehen, was zuvor gesagt wurde.
8. Seid nicht rechthaberisch oder aggressiv, wenn ihr eine andere Meinung habt. Versucht auch einmal, euch in die Rolle des Gegenübers hineinzuversetzen.

© Verlag an der Ruhr | Autorin: Verena Baldus | www.verlagruhr.de
Turnschuhe: © Robert Plociennik – Shutterstock.com | Illustration: Anja Boretzki

50 Dilemmageschichten | 15

So führt ihr ein Rollenspiel durch

Bei einem Rollenspiel führt man zu einer vorgegebenen Situation ein kleines „Theaterstück“ vor. Man kann dabei eine bestimmte Situation mit verteilten Rollen nachspielen oder weiterspielen.

Vor dem Rollenspiel:

1. Überlegt, welche Personen in der Geschichte vorkommen.
   Welche Rollen müsst ihr für euer Rollenspiel besetzen?

2. Wenn ihr in der Gruppe mehr Kinder seid, als es Rollen gibt, könnt ihr noch weitere Rollen dazuerfinden, zum Beispiel ein weiteres Kind, einen Bruder, eine Oma und so weiter.
3. Verteilt die Rollen. Jedes Kind muss eine Rolle haben.
4. Bevor ihr anfangt, zu spielen, müsst ihr euch überlegen, was ihr in eurer Rolle sagen könnt:
   - Versetzt euch in die Lage der Person, die ihr spielt.
   - Überlegt, was die Person denkt, fühlt und was sie will.
   - Überlegt, wie sich die Person verhalten könnte.
   - Erinnert euch daran, was ihr in der Gruppendiskussion besprochen habt.
5. Macht euch ein paar Notizen dazu, was ihr sagen könnt.
6. Übt das Rollenspiel, bevor ihr es vor eurer Klasse präsentiert.

Während des Rollenspiels:

- Jedes Kind beteiligt sich im Spiel am Gespräch.
- Begründet eure Meinung.
- Achtet darauf, dass jeder und jede zu Wort kommt.
- Lasst euch gegenseitig ausreden und ruft nicht dazwischen.
- Hört einander zu.
- Geht immer darauf ein, was jemand anderes zuvor gesagt hat.

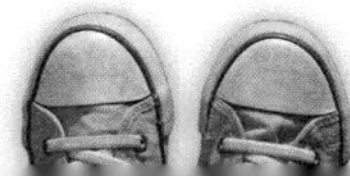

Tipp

So baut ihr ein Standbild

Ein Standbild ist ein Einzelbild zu einer Situation. Es wird durch lebende Personen dargestellt. Wichtig ist, dass die Personen dabei nicht sprechen und sich nicht bewegen dürfen. Gefühle und Beziehungen drückt man nur über die Mimik (Gesichtsausdruck), die Körperhaltung und die Position aus.

1. Überlegt, welche Personen in der Geschichte vorkommen. Welche Personen sollen im Standbild vorkommen?
2. Legt fest, wer welche Person in dem Standbild darstellt.
3. Mindestens ein Kind in eurer Gruppe stellt keine Person in dem Standbild dar. Dieses Kind ist so etwas wie ein Baumeister oder eine Baumeisterin. Denn es wird das Standbild später aufbauen, indem es euch in Position bringt und eure Körperhaltung führt.
4. Bevor ihr das Standbild mithilfe des Baumeisterkindes aufbaut, müsst ihr euch überlegen, wie ihr die Gefühle und Beziehungen der Personen im Standbild ausdrücken könnt:
   - Versetzt euch in die Lage der Person, die ihr darstellt.
   - Überlegt, was die Person denkt, fühlt und was sie will.
   - Erinnert euch daran, was ihr zuvor besprochen habt.
   - Überlegt, wie ihr die Gefühle, Verhaltensweisen und die Beziehung der Personen im Standbild ausdrücken könnt.
   - Ihr dürft alle Teile eures Körpers dafür benutzen (zum Beispiel böse gucken, Körperhaltung).
   - Ihr dürft auch Gegenstände als Requisiten dazu benutzen (zum Beispiel einen Stoffhasen, eine Brosche).
   - Überlegt alle gemeinsam, wir ihr euch aufstellen könnt.
5. Das Baumeisterkind baut zum Schluss das Standbild genauso auf, wie ihr es in der Gruppe besprochen habt. Es führt euch zu eurem Platz und bringt euch in Position. Es sagt euch, wohin und wie ihr schauen sollt.

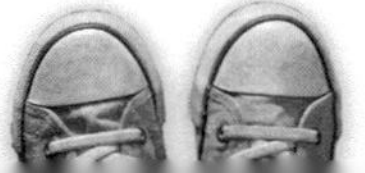

So schreibst du eine Dilemmageschichte zu Ende

Tipp

1. Überlege, wie deine Geschichte ausgehen könnte. Wie könnte man den Konflikt lösen? Was kann in der Geschichte alles passieren, bevor der Konflikt gelöst ist?
2. Schreibe deine Einfälle in Stichworten.
3. Bringe deine Stichworte danach in die richtige Reihenfolge. Jetzt hast du den groben Aufbau deiner Geschichte fertig.
4. Überlege, aus welcher Sicht du deine Geschichte schreiben willst.
5. Beschreibe die Gefühle der Personen genau, verwende treffende Adjektive.
6. Beginne deine Sätze nicht immer mit „Und dann …“, denke dir verschiedene Satzanfänge aus, zum Beispiel: darauf, hinterher, danach, plötzlich, zuerst, gestern, am Abend, später, nach einer Weile, schließlich …
7. Verwende unterschiedliche Wörter aus einem Wortfeld. Für „sagen“ kannst du auch „sprechen“, „antworten“, „entgegnen“, „erwidern“ … verwenden.

Beachte, dass deine Geschichte in der richtigen Zeitform steht.

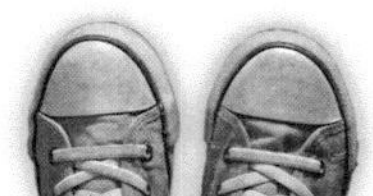

So zeichnest du einen Comic

1. Überlege: Was sind die wichtigsten Ereignisse in der Geschichte? Diese Ereignisse gehören in deinen Comic.
2. Denke daran: Du musst wörtliche Rede in Sprechblasen schreiben. Alles, was die Personen sagen oder fühlen, musst du zeichnen. Überlege dafür genau, welche Gestik, Mimik und Körperhaltung du für deine Figuren auswählst.
3. Hintergrundinformationen kannst du unter die Bilder schreiben.
4. Verwende auch lautmalerische Wörter in Denkblasen, wie zum Beispiel: „grrrrr“ oder „grummel“ für wütend sein oder „wäääähhhhh“ für weinen.
5. Überlege, wie viele Bilder du brauchst. Denke daran, dass du, damit man die Geschichte versteht, nur das Wichtigste zeichnen musst.
6. Mache dir auf einem extra Blatt eine grobe Skizze und notiere ein paar Stichworte dazu.
7. Zeichne deine Bilder in der passenden Reihenfolge und male sie bunt.

Dein Comic sollte komisch und witzig geschrieben sein!

18 | 50 Dilemmageschichten

© Verlag an der Ruhr | Autorin: Verena Baldus | www.verlagruhr.de
Turnschuhe: © Robert Plociennik – Shutterstock.com | Illustration: Anja Boretzki

Tipp

So schreibst du eine E-Mail oder einen Brief

1. Behalte im Auge, wer den Brief oder die E-Mail schreibt. Welche Person soll den Brief oder die E-Mail bekommen? Überlege, was du dieser Person sagen willst.
2. Überlege, was die andere Person über die Konfliktsituation weiß. Sie weiß wahrscheinlich weniger als die Person, die schreibt. Du kannst nicht voraussetzen, dass die andere Person über alles Bescheid weiß! Liefere in deinem Text alle nötigen Informationen, die man braucht, um zu verstehen, worum es geht.
3. Schreibe deine Einfälle in Stichworten auf, damit du deine guten Ideen nicht vergisst.
4. Bringe deine Stichworte danach in die richtige Reihenfolge. Jetzt ist der grobe Aufbau für den Hauptteil schon fertig.
5. Beginne mit dem Anlass des Briefs (Warum schreibst du?). Zunächst musst du der anderen Person von der Konfliktsituation berichten.
6. Versetze dich in die Lage der schreibenden Person:
   - Was denkt sie?
   - Was fühlt sie?
   - Warum schreibt sie?
   - Was will sie der anderen Person eigentlich sagen?
7. Beschreibe die Gefühle des Schreibenden genau. Verwende dafür treffende Adjektive. Sie machen den Text lebendig.
8. Vergiss nicht die Anrede am Anfang und die Grußformel am Ende deiner E-Mail oder des Briefes.

Tipp

So zeichnest du eine Bildergeschichte

1. Überlege: Was sind die wichtigsten Ereignisse in der Geschichte? Diese Ereignisse gehören in deine Bildergeschichte.

2. Überlege: Wie kannst du diese Ereignisse als Bild darstellen?
3. Denke daran: Du darfst keine Sprechblasen gebrauchen. Alles, was die Personen sagen oder fühlen, musst du zeichnen. Du musst dazu genau überlegen, welche Gestik, Mimik und Körperhaltung du für deine Figuren auswählst.
4. Überlege, wie viele Bilder du brauchst, um die Geschichte zu erzählen.
5. Mache dir auf einem extra Blatt ein paar grobe Skizzen und notiere ein paar Stichworte dazu.
6. Zeichne deine Bilder in der passenden Reihenfolge.
7. Zeichne nur das Allerwichtigste: Du brauchst nur das zu zeichnen, was unbedingt nötig ist, um die Geschichte zu verstehen.

Tipp

So zeichnest du eine Karikatur

Eine Karikatur ist ein Spottbild. Wenn man eine Karikatur zeichnet, kann man seine Meinung über eine Situation, eine Sache oder auch über Personen ausdrücken. Mit einer Karikatur kann man sich über eine Situation oder eine Person lustig machen. Dazu stellt man wichtige Merkmale einer Situation oder Person sehr übertrieben dar.

1. Überlege, was du mit deiner Karikatur ausdrücken möchtest:
   - Was möchtest du lächerlich machen?
   - Was möchtest du kritisieren?
2. Stelle diese Dinge nun übertrieben dar. Das kannst du machen, indem du Gesichter oder Gegenstände sehr groß machst oder auf andere Weise sehr auffällig gestaltest.

50 DiLeMMa Geschichten

5

Jakobs neues Schnitzmesser

Jakob hat von seiner Oma zum 8. Geburtstag ein neues Taschenmesser geschenkt bekommen. Schon lange hat er sich dieses schöne Schnitzmesser gewünscht. Als er es am nächsten Tag mit zur Schule nehmen möchte, ist seine Mama dagegen. Sie sagt: „Du kannst hier bei uns im Garten damit arbeiten. Aber in der Schule ist das zu gefährlich."
„Ich will es nur Malik zeigen!", beteuert Jakob, aber seine Mama lässt sich nicht umstimmen. Doch dann steckt Jakob es einfach heimlich in seine Schultasche. In der Schule bewundern Malik und die anderen Kinder sein Messer.

In der Pause geht er mit ihnen zu der Hecke am Lehrerparkplatz. Er möchte ein paar Zweige davon abschneiden und seine Schnitzkünste mit dem Messer zu demonstrieren. Doch irgendein Kind hat sie wohl beobachte
und Frau Kleinestuber herbeigerufen. Sie ruf
empört: „Jakob, was machst du da? Du kann
doch nicht einfach an der Hecke rumschn
den! Und woher hast du überhaupt d
Messer?" „Von meiner Oma", sagt Ja
„Weißt du, wie gefährlich das ist? Du
könntest ein anderes Kind damit ve
zen. Du gibst mir jetzt sofort das Me
„Nein, das ist mein Messer. Sie dürf
mir gar nicht wegnehmen!"

Darüber solltet ihr sprechen

1. Warum verbietet Jakobs Mama, dass er das Taschenmesser mit zur Schule nimmt?
2. Sollte seine Mama es ihm nicht doch erlauben? Schließlich möchte Jakob es seinen Freunden nur zeigen. Begründe.
3. Ist Jakob alt genug, um mit einem Taschenmesser verantwortungsvoll umzugehen? Begründe.
4. Wie findest du die Reaktion von Frau Kleinestuber, als sie Jakob mit dem Messer sieht?
5. Jakob sagt, dass Frau Kleinestuber ihm das Messer nicht wegnehmen dürfe, weil das sein Messer sei. Hat er Recht? Begründe.

Jetzt seid ihr an der Reihe

Schreiben

☐ Frau Kleinestuber nimmt Jakob das Messer ab und sagt: „Deine Eltern können sich das Messer bei mir abholen, wenn sie mit dir zum Gespräch kommen." Wie könnte die Geschichte weitergehen? Schreibe sie zu Ende.

Weiterspielen

☐ Stellt euch den Moment vor, in dem Jakob sein Messer an Frau Kleinestuber abgeben soll. Baut ein Standbild zu dieser Szene. Bedenkt hierbei auch mögliche Reaktionen der umstehenden Kinder.

30

Das unterschlagene Mitbringsel

eltgewandte Oma, die ständig
in unternimmt. Immer bringt
chönes von ihren Reisen mit.
lly zwei Broschen aus Marok-
Eine mit einer blauen und
roten Blüte. Die blaue Brosche
chenken, zum Zeichen ihrer
Als sie am Nachmittag bei
elen ist, zeigt sie ihr die Bro-
gt sie dafür nebeneinander
fa-Tisch.
mal kommt
Elvis an.
pielen und fegt
Schwanz die
schen vom Tisch.
ie wieder aufheben,

aber sie findet nur die blaue Brosche wieder. Die rote ist verschwunden. Nelly steckt sie sich die blaue Brosche an ihren Pulli und sagt: „Wenn du die rote findest, kannst du sie mir ja wiedergeben. Dann tauschen wir wieder." Am Abend, als Nelly schon nach Hause gegangen ist, entdeckt Finja die rote Brosche in Elvis' zotteligem Schwanz. Sie hat sich da in seinem Fell verheddert. Als sie Nelly gerade anrufen will, um ihr von ihrem lustigen Fund zu berichten, kommt ihr ein Gedanke: Nelly ist doch jetzt zufrieden mit der blauen Brosche. Bestimmt vergisst sie die andere Brosche bald. Da könnte ich die rote doch einfach behalten.

Darüber solltet ihr sprechen

1. „Das unterschlagene Mitbringsel": Was bedeutet unterschlagen? Was ist ein Mitbringsel? Wer unterschlägt etwas?
2. Warum zögert Finja, Nelly anzurufen, als sie die rote Brosche in Elvis' Schwanz wiederfindet?
3. Finja denkt, dass Nelly allein mit der blauen Brosche zufrieden sein könnte. Was meinst du?
4. Wie findest du Finjas Idee? Darf sie die rote Brosche behalten? Eine Brosche war ja ohnehin für sie bestimmt. Begründe.
5. Wie könnte sich Finja verhalten?
6. Was wird Nelly tun?

Jetzt seid ihr an der Reihe

Schreiben

☐ Was wird Finja machen? Schreibe die Geschichte zu Ende.

Weiterspielen

☐ Finja behält die Brosche und erzählt Nelly nichts von ihrem Fund, obwohl Nelly mehrmals nachfragt, ob Finja sie gefunden hat. Eines Tages findet Nelly die Brosche in Finjas Schmuckschachtel. Spielt diese Szene.

☐ Finja behält die Brosche heimlich. Doch ein paar Tage später sagt ihre Mama zu ihr: „Was hast du denn da für eine Brosche? Ist das nicht die Brosche, die Nelly bei uns gesucht hat?" Spielt diese Szene.

Papas Unterschrift ist doch ganz leicht

Lena hat eine 5 in Mathe geschrieben, obwohl sie viel für die Klassenarbeit geübt hat. Jetzt müssen ihre Eltern die Arbeit unterschreiben. Lena denkt daran, wie enttäuscht sie wohl von ihr sein würden. Deswegen überlegt sie, ihnen die Arbeit gar nicht zu zeigen. In der Pause sagt sie zu Luana: „Papas Unterschrift ist doch ganz leicht! Das merkt Frau Kunstmann bestimmt nicht, wenn ich einfach Papas Namen unter die Arbeit setze.“
Entsetzt entgegnet Luana: „Spinnst du? Das ist Urkundenfälschung. Wenn das rauskommt, wirst du bestraft!“
Am Abend hadert Lena mit ihrem Plan. Aber Papa hat sich heute unheimlich über einen Kollegen geärgert und sieht ziemlich grimmig aus. Sie zögert, aber dann krakelt sie doch Papas Namen unter die 5.
Am nächsten Tag legt Lena Frau Kunstmann die Unterschrift vor. Frau Kunstmann schaut auf Lenas Gekrakel, schaut dann Lena an und runzelt die Stirn.
Doch zum Glück: Ihre Mathelehrerin klappt das Heft schließlich zu und legt es auf den Stapel mit den anderen Heften. „Puh“, denkt Lena erleichtert.
Als sie am Abend mit ihrem Papa beim Abendbrot sitzt, klingelt das Telefon.
Papa nimmt den Hörer ab und plötzlich hört Lena ihn sagen: „Guten Abend, Frau Kunstmann!“

Darüber solltet ihr sprechen

1. Warum hat Lena die Unterschrift gefälscht? Was hättest du an ihrer Stelle gemacht?
2. Wie fühlt sich Lena, als sie ihren Papa mit Frau Kunstmann telefonieren hört?
3. Wie wird sich ihr Papa fühlen, wenn er von Lenas Betrug erfährt?
4. Was kann Lena jetzt tun?
5. Wie findest du Frau Kunstmanns Verhalten?
6. Wie könnten sich Lena, ihr Papa und Frau Kunstmann verhalten, damit alles gut wird?

Jetzt seid ihr an der Reihe

Schreiben

☐ Wie könnte die Geschichte ausgehen? Schreibe sie zu Ende.

☐ Stelle dir vor, Lena hätte die Unterschrift nicht gefälscht, sondern ihrem Vater die Arbeit gezeigt. Wie wäre die Geschichte dann verlaufen?

☐ Lena schreibt ihrer Cousine eine Woche später eine E-Mail, in der sie ihr alles erzählt. Schreibe Lenas E-Mail.

Weiterspielen

☐ Spielt ein Gespräch zwischen Lena und ihrem Papa nach dem Telefonat. Spielt die Szene mit verteilten Rollen.

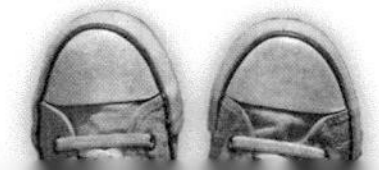

Erwischt!

2

Juri schreibt heute eine Mathearbeit. Er muss dafür die 11er-, 12er- und 13er-Reihe können. Aber außer der 11er-Reihe kann er sich keine der Reihen merken. Deswegen hat er sich für die 12er- und 13er-Reihe einen kleinen Spickzettel gemacht. Er hat ihn am Computer getippt, weil man die Schrift dann ganz klein einstellen kann. Dann ist der Spickzettel später nicht so groß. Vor der Arbeit schiebt er seinen Spickzettel schnell unter sein Federmäppchen. Er braucht es jetzt nur leicht anzuheben, dann kann er alles ablesen. Nicht einmal seine Freundin Deniz neben ihm hat etwas bemerkt. Während der Arbeit ist auf einmal Deniz' Tintenpatrone leer. Noch ehe Juri es verhindern kann, zieht Deniz Juris Federtasche zu sich rüber, weil sie sich einen Stift ausleihen möchte. Dabei kommt der Spickzettel natürlich zum Vorschein.
Er liegt jetzt offen vor Deniz auf dem Tisch.
Deniz hebt ihn auf.
Da fragt Frau Sterneck: „Was ist das für ein Zettel, Deniz?" Schon kommt sie geradewegs auf Deniz zu und hält ihr fordernd die Hand entgegen.
Juri bekommt einen riesigen Schreck.
Mist, warum konnte Deniz auch nicht die Finger von meiner Federtasche lassen, denkt er.
„Der ist nicht von mir!", beteuert Deniz aufgeregt und gibt Frau Sterneck den Zettel.
Frau Sterneck blickt auf den Zettel und sagt dann: „Also, wenn du schon schummelst, dann solltest du jetzt wenigstens dazu stehen. Deine Arbeit kann ich so natürlich nicht bewerten."

Darüber solltet ihr sprechen

1. Wer trägt Schuld daran, dass die Sache mit dem Spickzettel auffliegt: Juri oder Deniz? Begründe.
2. Frau Sterneck glaubt Deniz nicht. Wie findest du Frau Sternecks Verhalten?
3. Was kann Deniz jetzt tun?
4. Wie hätte Frau Sterneck noch reagieren können?
5. Was könnte Juri jetzt tun? Wie würdest du dich an seiner Stelle verhalten?

Jetzt seid ihr an der Reihe

Schreiben

☐ Wie geht es weiter? Schreibe das Ende der Geschichte auf.

Weiterspielen

☐ Deniz wird zu Unrecht beschuldigt. Sie muss ihre Arbeit abbrechen und bekommt keine Bewertung, stattdessen aber einen Eintrag. Juri sagt jetzt immer noch nicht, dass das sein Zettel ist. Zu Hause erzählt Deniz verzweifelt ihren Eltern von dem Vorfall. Spielt diese Szene nach.

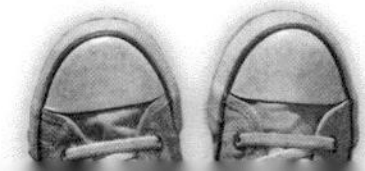

Nur für den Notfall

Lina fährt morgen auf Klassenfahrt an die Schlei. Für die Reise hat Frau Claaßen mit Kindern und Eltern vereinbart, dass alle Kinder ihr Handy zu Hause lassen werden. Die Klasse soll gemeinsam Zeit in der Natur verbringen. Niemand soll durch sein Handy abgelenkt sein. Lina findet das Handyverbot schrecklich: Wenn sie doll Heimweh bekommt, kann sie nicht mal zu Hause anrufen und mit ihrer Familie sprechen. Und sie bekommt sicher schlimmes Heimweh.

Als sie mit Mama den Koffer packt, weint und bettelt sie: „Bitte Mama, bitte lass mich das Handy mitnehmen! Nur für den Notfall. Bitte!"

Ihre Mama gibt schließlich nach. Ihr ist es selbst lieber, wenn sie Lina erreichen kann, um zu fragen, ob alles gut ist. Gemeinsam klügeln sie ein prima Handyversteck in einem zusätzlichen Paar dicker Stiefelsocken aus. Als sie am nächsten Tag nach ihrer Ankunft die Bungalows beziehen, geht Frau Claaßen von Haus zu Haus, um zu sehen, ob sich alle Kinder gut eingelebt haben. Just in dem Moment, als sie in Linas Bungalow steht, macht es unüberhörbar „Pling-plong-pling-plung" – eine Nachricht von Mama: *Seid ihr gut angekommen? Kussi!*

Frau Claaßen ruft alarmiert: „War das etwa ein Handy?!"

Lina weiß, dass Lügen jetzt nichts bringt – zu offensichtlich war das Pling-Geräusch. Sie entgegnet: „Nur für den Notfall! Mama und ich müssen uns immer erreichen können!"

Darüber solltet ihr sprechen

1. Warum will Lina ihr Handy mitnehmen? Hat sie einen guten Grund?
2. Wie findest du die Regel „Handyverbot auf der Klassenfahrt"? Überlege Vorteile und Nachteile dieser Vereinbarung.
3. Ist Heimweh ein Notfall? Wie schätzt du das ein?
4. Wie findest du die Entscheidung, das Handy heimlich in den Koffer zu packen? Darf man selbst entscheiden, ob man die Regel einhält?
5. Hilft bei Heimweh nur ein Handy? Was könnte Lina tun, wenn sie Heimweh bekommt?

Jetzt seid ihr an der Reihe

Schreiben

- ☐ Wird Frau Claaßen Verständnis haben? Schreibe die Geschichte zu Ende.

Gestalten

- ☐ Gestalte deine eigenen Hosentaschen-Tipps gegen Heimweh: Schreibe eine Liste mit deinen Ideen gegen Heimweh. Die besten 5 Ideen kannst du anschließend auf ein sauberes Papier übertragen. Verziere dein Blatt noch. Zum Schluss faltest du es so klein, dass es in deine Hosentasche passt. Bei der nächsten Reise bist du gut vorbereitet.

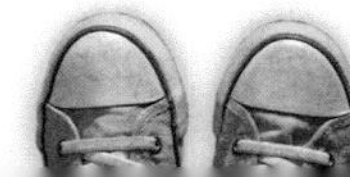

Trotzdem eine Eins

Daria kommt aus der Ukraine. Seit fast 2 Jahren wohnt sie inzwischen mit ihrer Familie in Deutschland. Am Anfang hat Daria großes Heimweh gehabt. Doch mittlerweile hat sie sich sehr gut eingelebt. Sie hat neue Freundinnen und Freunde gefunden, 2 andere Kinder in ihrer Klasse kommen auch aus der Ukraine. Und mittlerweile spricht sie immer mehr und besser Deutsch. Das lobt auch ihre Klassenlehrerin, Frau Rosenmaier. Nur beim Schreiben macht Daria noch viele Fehler. Heute aber lobt Frau Rosenmaier sie vor der ganzen Klasse für ihre gute Deutscharbeit: „Daria hat eine wirklich spannende Abenteuergeschichte geschrieben. Eine Eins! Sehr schön gemacht, Daria!" Dann darf Daria ihren Text sogar vor der Klasse vorlesen. Am Ende klatschen alle begeistert. Außer Noah.

Wütend sagt er: „Frau Rosenmaier, das ist total unfair! Zu mir haben Sie gesagt, dass ich nur eine Zwei habe, weil ich so viele Rechtschreibfehler gemacht habe. Sonst wäre es 'ne Eins geworden. Aber Daria hat eine Eins und sie hat viel mehr Fehler gemacht als ich. Ich will, dass sie auch eine Zwei kriegt!"

Doch Frau Rosenmaier antwortet: „Ich kann verstehen, Noah, dass dich die Notenvergabe ärgert. Doch bei Daria kann ich die Fehler nicht so streng bewerten. Sie lernt ja erst seit knapp 2 Jahren Deutsch und hat eine besondere sprachliche Herausforderung. Deswegen hat sie die Eins trotzdem verdient!"

Darüber solltet ihr sprechen

1. Kannst du Noahs Wut verstehen? Begründe.
2. Wie fühlt sich Daria?
3. Noah will, dass Daria auch nur eine Zwei bekommt wegen der vielen Fehler, die sie gemacht hat. Was hältst du von Noahs Vorschlag?
4. Ist Frau Rosenmaier unfair, weil sie Daria eine Eins gegeben hat? Begründe deine Meinung.
5. Warum hat Frau Rosenmaier Daria die Eins gegeben? Vermute.
6. Was könnte Frau Rosenmaier tun, damit sich niemand ungerecht behandelt fühlt?

Jetzt seid ihr an der Reihe

Schreiben

☐ Was wird Noah zu Frau Rosenmaiers Erklärung sagen? Wie reagiert Daria? Welche Lösung finden sie? Schreibe die Geschichte zu Ende.

Weiterspielen

☐ Noah sagt wütend: „Daria ist sowieso Ihr Lieblingskind!" Spielt die Szene weiter. Findet dabei ein versöhnliches Ende für den Vorfall.

☐ Daria erzählt ihren Eltern von Noahs Reaktion. Macht ein Rollenspiel zu diesem Gespräch.

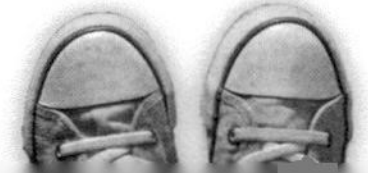

Jakobs neues Schnitzmesser

Jakob hat von seiner Oma zum 8. Geburtstag ein neues Taschenmesser geschenkt bekommen. Schon lange hat er sich dieses schöne Schnitzmesser gewünscht. Als er es am nächsten Tag mit zur Schule nehmen möchte, ist seine Mama dagegen.
Sie sagt: „Du kannst hier bei uns im Garten damit arbeiten. Aber in der Schule ist das zu gefährlich."
„Ich will es nur Malik zeigen!", beteuert Jakob, aber seine Mama lässt sich nicht umstimmen. Doch dann steckt Jakob es einfach heimlich in seine Schultasche.
In der Schule bewundern Malik und die anderen Kinder sein Messer.
In der Pause geht er mit ihnen zu der Hecke am Lehrerparkplatz. Er möchte ein paar Zweige davon abschneiden und seine Schnitzkünste mit dem Messer demonstrieren. Doch irgendein Kind hat sie wohl beobachtet und Frau Kleinestuber herbeigerufen. Sie ruft empört: „Jakob, was machst du da? Du kannst doch nicht einfach an der Hecke rumschneiden! Und woher hast du überhaupt das Messer?"
„Von meiner Oma", sagt Jakob.
„Weißt du, wie gefährlich das ist? Du könntest dich oder ein anderes Kind damit verletzen. Du gibst mir jetzt sofort das Messer."
„Nein, das ist mein Messer. Sie dürfen es mir gar nicht wegnehmen!"

Darüber solltet ihr sprechen

1. Warum verbietet Jakobs Mama, dass er das Taschenmesser mit zur Schule nimmt?
2. Sollte seine Mama es ihm nicht doch erlauben? Schließlich möchte Jakob es seinen Freunden nur zeigen. Begründe.
3. Ist Jakob alt genug, um mit einem Taschenmesser verantwortungsvoll umzugehen? Begründe.
4. Wie findest du die Reaktion von Frau Kleinestuber, als sie Jakob mit dem Messer sieht?
5. Jakob sagt, dass Frau Kleinestuber ihm das Messer nicht wegnehmen dürfe, weil das sein Messer sei. Hat er Recht? Begründe.

Jetzt seid ihr an der Reihe

Schreiben

☐ Frau Kleinestuber nimmt Jakob das Messer ab und sagt: „Deine Eltern können sich das Messer bei mir abholen, wenn sie mit dir zum Gespräch kommen." Wie könnte die Geschichte weitergehen? Schreibe sie zu Ende.

Weiterspielen

☐ Stellt euch den Moment vor, in dem Jakob sein Messer an Frau Kleinestuber abgeben soll. Baut ein Standbild zu dieser Szene. Bedenkt hierbei auch mögliche Reaktionen der umstehenden Kinder.

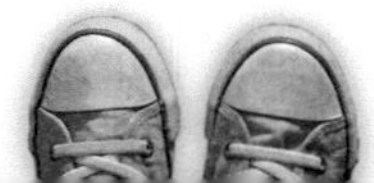

Das ist Gerechtigkeit!

Jannik ist ein ziemlich lässiger Typ. Das findet er selbst und vermutlich tun das auch die meisten anderen Kinder. Er hat den schrägsten Haarschnitt, den coolsten Gang und er hat viele lockere Sprüche drauf – wie seine fast erwachsene Schwester. Und er kennt jede Menge Leute, mit denen er laufend Nachrichten schreibt. In der Mathestunde vibriert sein Handy. Mit einem entspannten „Sorry!“ liest er seine Nachricht, lacht und kommentiert den Text mit „Safe, Alter!“
Frau Krupp schimpft: „Das kann ja wohl nicht angehen! Du gibst mir sofort das Handy! Deine Eltern können es bei mir abholen, wenn sie zum Gespräch kommen!“
Widerwillig, aber noch betont lässig legt Jannik sein Handy in ihre fordernde Hand. Als er nach der Stunde mit Tim den Klassenraum verlässt, sieht er auf dem Pult ein Handy liegen. „Wie geil, Frau Krupp hat mein Handy vergessen!“, freut er sich triumphierend. Doch dann erkennt er, dass da gar nicht sein Handy, sondern das von Frau Krupp liegt.
„Gib es ihr zurück. Vielleicht bekommst du dann auch dein Handy wieder, so als Finderlohn“, schlägt Tim vor.
„Quatsch“, ruft Jannik entschieden. „Wir nehmen ihr auch das Handy weg und verpassen ihr einen fetten Denkzettel!“
Tim grinst erst, doch schon im nächsten Augenblick macht er ein ernstes Gesicht und sagt mit fester Stimme: „Das ist eine Straftat, Jannik!“
„Entspann dich mal! Das ist Gerechtigkeit!“, erwidert Jannik.

Darüber solltet ihr sprechen

1. Wie findest du Janniks Verhalten in der Klasse? Begründe.
2. Warum reagiert Frau Krupp so verärgert?
3. Wie hätte der Konflikt vermieden werden können?
4. Was hältst du von Janniks Plan? Was meint er mit „Denkzettel verpassen“?
5. Jannik möchte Frau Krupps Handy entwenden. Tim meint, das sei eine Straftat. Jannik entgegnet, das sei Gerechtigkeit. Wer hat Recht? Begründe deine Einschätzung.

Jetzt seid ihr an der Reihe

Schreiben

☐ Wird Jannik seinen Plan umsetzen oder bekommt er Zweifel? Schreibe zwei mögliche Enden für die Geschichte.

Weiterspielen

☐ Jannik und seine Eltern holen das Handy ab. Macht ein Rollenspiel zu dieser Szene.

Gestalten

☐ Im Unterricht vibriert Janniks Handy. Er liest gelassen seine Nachrichten. Zeichne eine Karikatur zu dieser Szene.

Das ist nicht mehr lustig!

Mats fühlt sich nicht wohl in der Schule. Die Kinder in seiner Klasse sind oft gemein zu ihm und schließen ihn aus. Fast jeden Tag lassen sie sich etwas neues Fieses einfallen. Anfangs haben sie ihn nur im Hort nicht mitspielen lassen und ihm die Tür vor der Nase zugeschlagen und zugehalten, damit er nicht in den Raum kommt. Manchmal haben sie ihn auch mit angesabberten Papierkugeln beworfen.

Heute ist schon wieder etwas Neues passiert. Mats' Turnbeutel war vor der Sportstunde plötzlich aus dem Spind verschwunden. Tim hat ihm immer Tipps gegeben, wo er suchen könnte. Aber immer, wenn Mats dort nachgesehen hat, war der Beutel nicht da. „Och, schade!", hat Tim jedes Mal gerufen und gelacht. Jakob hat mit dem Handy ein Video aufgenommen, wie Mats verzweifelt sucht. Das Video hat er sogar im Klassenchat geteilt und die anderen haben es mit fiesen Emoticons kommentiert. Zu Hause erzählt Mats von den Gemeinheiten. Sein Papa sagt: „Das ist nicht mehr lustig! Ich schreibe Frau Lintorp und bitte sie um einen Gesprächstermin." Doch Mats erschrickt: „Nein, Papa! Wenn die anderen Kinder davon erfahren, dann ärgern sie mich noch mehr!"

Darüber solltet ihr sprechen

1. Denke über die Gemeinheiten in der Klasse nach. Welche Gedanken und Gefühle hat Mats, wenn er zur Schule geht?
2. „Das ist nicht mehr lustig!" Was meint Mats' Papa damit?
3. Wird Mats gemobbt? Begründe deine Einschätzung. Tipp: Klärt gemeinsam, was der Begriff Mobbing bedeutet.
4. Mats' Papa will mit Frau Lintorp sprechen. Wie findest du die Idee? Kannst du verstehen, warum Mats das nicht will? Begründe.
5. Welche Lösungsvorschläge hättest du für Mats?

Jetzt seid ihr an der Reihe

Schreiben

☐ Mats und sein Papa schreiben eine Mail an Frau Lintorp. Mats erklärt, was ihm in der Klasse widerfährt, und bittet Frau Lintorp um Hilfe. Schreibe diese Mail.

Weiterspielen

☐ Mats diskutiert mit seiner Familie: Seine Eltern wollen mit Frau Lintorp sprechen. Mats möchte das nicht. Macht ein Rollenspiel zu dieser Szene.

☐ Mats und seine Eltern haben einen Termin mit Frau Lintorp. Sie wollen ihr Problem erklären und mit Frau Lintorp eine Lösung finden. Spielt das Gespräch mit verteilten Rollen.

Fass mein Haar nicht an!

Jonah trägt einen fantastischen Afro. Er ist ziemlich stolz auf seine Haare. Sie benötigen wirklich viel Pflege. Aber das nimmt er für seine Lieblingsfrisur gerne auf sich. Vor allem die Mädchen in seiner Klasse sind beeindruckt von seinen Haaren. Helene und Noemi würden am liebsten ständig hineinfassen. Sie fragen sogar öfter, ob sie es dürfen. Meistens erlaubt Jonah es ihnen, doch oft nervt es ihn einfach auch und er erteilt ein ausdrückliches Wuschel-Verbot. Dass Leute auf seine Haare aufmerksam werden, passiert ihm oft. Eine Frau auf dem Weihnachtsmarkt hat einmal unverhofft hineingegriffen und kommentiert: „Krass, wie Wolle!" Das war sehr unangenehm. Als Jonah mit seiner Klasse einen Ausflug macht, fahren sie ein paar Stationen mit dem Bus. Ein Mann neben ihm lächelt wohlwollend und greift in sein Haar mit den Worten: „Wow, toll!" Mealab ruft dem Mann direkt empört entgegen: „Wuschel-Verbot!" Da hat Jonah einen Impuls: Er tätschelt dem Mann mit der flachen Hand die Glatze und kommentiert: „Fühlt sich komisch an!" Der Mann reißt seine Augen und sogar den Mund auf. Er setzt an, etwas zu sagen: „Hey, was … Du kannst doch …" Aber dann bricht er seinen Satz ab und lächelt.

Darüber solltet ihr sprechen

1. Warum erteilt Jonah den Kindern manchmal Wuschel-Verbot?
2. Warum wollen die Kinder und sogar fremde Menschen in Jonahs Afro fassen? Wie findest du das?
3. Wie fühlt Jonah sich, als der Mann ihm in die Haare greift?
4. Der Mann im Bus: Hat er etwas falsch gemacht? Ist er nett?
5. Jonah tätschelt dem fremden Mann die Glatze. Wie findest du Jonahs Verhalten?
6. Der Mann wollte etwas sagen, aber spricht seinen Satz nicht zu Ende. Was wollte er sagen? Weshalb spricht er nicht zu Ende, sondern lächelt stattdessen?

Jetzt seid ihr an der Reihe

Schreiben

- ☐ Stelle dir vor, der Mann hätte seinen angefangenen Satz beendet. Was hätte er gesagt? Schreibe ein alternatives Ende für die Geschichte.

Weiterspielen

- ☐ Jonahs Lehrer hat den Vorfall im Bus mitbekommen. Er eilt herbei und rügt den Mann. Was könnten beide sagen? Spielt die Szene mit verteilten Rollen.
- ☐ Macht ein Standbild zu den Szenen:
  1. Der Mann fasst in Jonahs Haare.
  2. Jonah tätschelt die Glatze des Mannes.
  Vergleicht die Bilder. Was fällt auf?

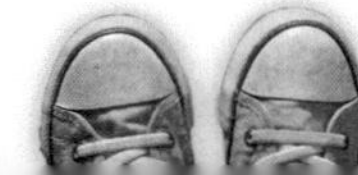

Briefgeheimnis

9

Herr Jessen ist Melinas Lieblingslehrer. Er ist unheimlich nett und verständnisvoll und schimpft fast nie. Er lacht sehr viel, kann gut erklären und noch besser vorlesen. Aber sie kennt auch niemanden, der so schlimmen Mundgeruch hat wie Herr Jessen. In der Deutschstunde fällt es Melina gerade wieder auf, als Herr Jessen sich über ihr Heft beugt und ihr zuflüstert: „Drei kleine Fehler springen mir noch ins Auge. Schau noch mal genau, ob du sie findest.“ Anstatt die Fehler in ihrem Text zu suchen, schreibt Melina auf einen Zettel: Herr Jessen müffelt heute wieder nach faulen Eiern. Den Zettel lässt sie ihrer Freundin Hannah zukommen. Hannah liest ihn, schmunzelt und macht eine angeekelte Würg-Geste. Dann schreibt sie auch etwas auf den Zettel und schickt ihn wieder zurück. Als Melina ihn aufklappt, steht dort: Er sollte am besten wieder eine FFP2-Maske tragen. Melina kichert in sich hinein und schreibt nun: Das hilft bei Extrem-Mundi auch nichts mehr.

Gerade will sie ihr Briefchen zu Hannah rüberschicken, da sagt Herr Jessen: „Melina, lies uns doch laut vor, was du Hannah Witziges geschrieben hast.“ „Das ist ein Briefgeheimnis“, entgegnet Melina schnell. Da sagt Herr Jessen: „Dann bitte ich dich, mir den Zettel zu geben. Euren geheimen Briefwechsel könnt ihr nach der Stunde fortsetzen.“

Darüber solltet ihr sprechen

1. Warum lästern die Kinder über Herrn Jessen? Sie mögen Herrn Jessen doch.
2. Warum möchte Herr Jessen, dass Melina den Brief vorliest?
3. Warum sagt Melina: „Das ist ein Briefgeheimnis“?
4. Darf Herr Jessen den Brief einfordern? Darf er ihn lesen?
5. Was wäre, wenn Herr Jessen den Brief liest?
6. Was haben Melina und Hannah falsch gemacht? Was hätten sie besser machen können?
7. Was könnte Melina jetzt tun?

Jetzt seid ihr an der Reihe

Schreiben

☐ Jannes reißt Melina den Brief aus der Hand und liest ihn laut vor. Herr Jessen schaut daraufhin sehr enttäuscht aus, sagt aber nichts. Melina und Hannah tut er jetzt sehr leid. Sie schreiben ihm später einen Entschuldigungsbrief. Schreibe diesen Brief.

Weiterspielen

☐ Jannes hat den Brief vorgelesen. Herr Jessen möchte mit der Klasse jetzt ein klärendes Gespräch über den Vorfall führen. Was will er ihnen sagen? Wie reagieren die Kinder? Spielt die Szene mit verteilten Rollen.

Die geklaute Gruselgeschichte

Als Deutsch-Hausaufgabe soll Toms Klasse heute eine Gruselgeschichte schreiben. Die Reizwörter *Gespenst*, *Höhle* und *Himbeermarmelade* sollen in der Geschichte vorkommen. Tom hat sich die Geschichte schon auf dem Nachhauseweg überlegt und setzt sich gleich dran.

Am nächsten Tag bittet Ole ihn aufgeregt: „Mir ist keine gute Gruselgeschichte eingefallen. Bitte, kann ich deine Geschichte abschreiben? Sonst habe ich keine Hausaufgabe." Etwas widerwillig gibt Tom ihm das Heft. „Aber du meldest dich nicht mit meiner Geschichte", rückversichert er sich bei Ole.

In der Stunde sagt Frau Harder: „Wir machen jetzt einen Grusel-Wettbewerb. Immer drei Kinder lesen vor und dann stimmen die anderen ab, welche Geschichte am gruseligsten war. Die Siegerinnen und Sieger bekommen heute hausaufgabenfrei." Dann sagt sie: „Ole, fang du bitte an!" Ole schaut unsicher zu Tom, doch dann liest er Toms Geschichte einfach vor. Frau Harder lobt ihn: „Prima! Das war ja zum Fürchten." Tom merkt, wie sich Wut in ihm breit macht. Und ausgerechnet jetzt ruft Frau Harder ihn auf: „Tom, liest du uns deine Geschichte auch vor?"

Tom beginnt, zu lesen, doch schon nach wenigen Sätzen unterbricht Frau Harder ihn. „Das ist doch Oles Geschichte!", sagt sie. „Wir haben das zusammen gemacht", sagt Ole schnell, ehe Tom überhaupt antworten kann.

Darüber solltet ihr sprechen

1. Warum gibt Tom seinem Mitschüler Ole nur widerwillig das Heft?
2. Warum schaut Ole unsicher zu Tom rüber, als er seine Geschichte vorlesen soll?
3. Wie sollte Ole sich jetzt verhalten?
4. Wie fühlt sich Tom, als Ole seine Geschichte vorliest?
5. Was hältst du von Oles Antwort „Wir haben das zusammen gemacht"? Ist das eine gute Lösung?
6. Wie soll sich Tom jetzt verhalten?

Jetzt seid ihr an der Reihe

Schreiben

☐ Frau Harder sagt: „Wenn ihr die Hausaufgabe zusammen gemacht habt, dann brauchen wir uns dieselbe Geschichte von Tom ja nicht noch einmal anzuhören." Tom ist jetzt sehr wütend. Wie geht die Geschichte weiter? Schreibe sie zu Ende.

Weiterspielen

☐ Toms Freund Jasper verrät: „Das stimmt gar nicht. Ole hat die Geschichte eben noch von Tom abgeschrieben." Macht ein Rollenspiel zu dieser Szene.

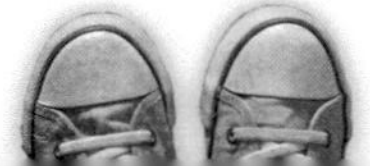

Digga, du läufst wie ein Mädchen!

Theo ist eine echte Sportskanone. Er macht Leichtathletik im Verein und hat schon mehrfach bei Wettkämpfen gesiegt. Im Sport ist Theo ziemlich ehrgeizig. Darum ist ihm der Staffellauf beim städtischen Sportfest der Schulen besonders wichtig. Klar, dass er für die Staffel ausgewählt wurde. Und jetzt geht es für ihn gar nicht, dass sich die Staffel seiner Schule auf dem Fest blamiert.
Als das Team für den Staffellauf trainiert, ist Theo ziemlich ungehalten: Was hat Frau Röder für Gurken als Läufer und Läuferinnen ausgewählt, denkt er wütend. Statt die anderen anzufeuern, pöbelt er die Kinder in seinem Team an, beleidigt sie und ist komplett unzufrieden mit ihrer Leistung.
Als Justus nach seinem Lauf zurückkehrt, brüllt Theo ihn an: „Ey, Digga, du läufst wie ein Mädchen! Was soll das?!"
Jetzt ist Frau Röder ungehalten: „Und du wirst jetzt überhaupt nicht in unserer Staffel laufen. Du hast jegliche Toleranzgrenzen überschritten und das ist unfair!", sagt sie bestimmt zu Theo. „In unserer Staffel laufen Menschen mit Respekt, Toleranz und Teamgeist. Darüber werden wir uns im Anschluss an dieses Training mal unterhalten."

Darüber solltet ihr sprechen

1. Was hat dazu geführt, dass Theo nicht mitlaufen kann? Was ist an seinem Verhalten nicht in Ordnung?
2. Warum verhält sich Theo so? Stelle Vermutungen an.
3. Warum schließt Frau Röder Theo von der Staffel aus, obwohl er ein guter Läufer ist? Kannst du erklären, warum sie es dennoch tut?
4. Theo sagt: „Ey Digga, du läufst wie ein Mädchen!" Warum ist der Satz inakzeptabel?
5. Frau Röder wünscht sich Toleranz, Respekt und Teamgeist in der Gruppe. Erkläre, was sie damit meint.
6. Sollte Theo doch mitlaufen dürfen? Begründe.

Jetzt seid ihr an der Reihe

Schreiben

☐ Frau Röder hat Theo die Gründe für den Ausschluss erklärt. Jetzt informiert sie seine Eltern per Mail über den Vorfall und erklärt ihre Konsequenzen. Schreibe diese Mail.

Weiterspielen

☐ Ein Teil der Kinder ist empört über Theos Ausschluss, weil damit ein Läufer für das Schulteam fehlt. Ein anderer Teil der Kinder findet es gut, dass Theo aussetzen muss. Die Klasse diskutiert. Spielt die Szene mit verteilten Rollen.

Gestalten

☐ Gestaltet ein Plakat zum Thema „Sportlich! – So gehen wir im Sport miteinander um".

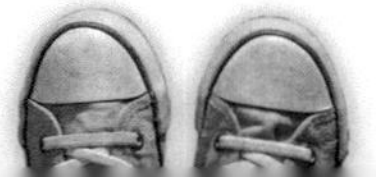

Das Kreide-Trampel-Weitsprung-Spiel

In der Deutschstunde muss Frau Bülow ausnahmsweise wegen eines Anrufes aus der Klasse gehen. Joshuas Blick fällt zufällig auf die bunten Kreidestücke, die vorne auf dem Pult liegen. Ganz unverhofft kommt ihm eine lustige Idee. Sogleich steht er auf, legt die Kreide auf den Boden und trampelt darauf rum, bis nur noch buntes Kreidepulver übrig ist.

„Boah Joshua, was soll das denn?", stöhnt Kathi. „Das ist die ultimative Weitsprung-Farbe!", ruft er feierlich. Er stellt sich in das Kreidepulver, federt etwas darin rum und macht einen weiten Sprung aus dem Stand heraus. Dann tritt er zur Seite und tatsächlich, man kann seinen Schuhabdruck sehen. „Wie geil!", ruft Richard. „Ich will auch mal probieren", sagt Samuel. Und schon stehen alle Kinder vorne, gucken zu oder testen die Weitsprungfarbe aus. Schnell ist der ganze Boden mit Fußabdrücken übersät. Doch plötzlich steht Frau Bülow wieder in der Klasse. „Geht's noch? Sauerei! Die pure Materialverschwendung ist das!", schimpft sie. „Wer hat damit angefangen? Wer hat mitgemacht?"

Niemand sagt etwas, niemand petzt.

Da sagt Frau Bülow entschieden: „Na gut, wenn ihr es alle wart, dann müssen eben alle in der Pause drinnen bleiben und putzen. So etwas kann man den Reinigungsleuten nicht zumuten!"

Darüber solltet ihr sprechen

1. Warum ist Frau Bülow verärgert?
2. Was bedeutet hier Materialverschwendung?
3. Frau Bülow sagt, dass alle sauber machen müssen, wenn es niemand gewesen sein will. Findest du auch, dass alle sauber machen müssen? Oder ist das ungerecht? Begründe.
4. Sollte jetzt jemand sagen, dass Joshua damit angefangen hat und wer mitgemacht hat? Begründe.
5. Was könnte Joshua jetzt tun? Wie soll er sich deiner Meinung nach verhalten?

Jetzt seid ihr an der Reihe

Schreiben

☐ Joshua bekommt ein schlechtes Gewissen. Schreibe ein passendes Ende zu der Geschichte.

Weiterspielen

☐ Kathi hat keine Lust, auf die Pause zu verzichten. Sie sagt: „Joshua hat damit angefangen. Er soll jetzt auch die Klasse wieder sauber machen!" Spielt die Geschichte mit verteilten Rollen zu Ende.

Gestalten

☐ Erzähle die Geschichte in Form eines Comics. Gestalte auch ein passendes Ende.

Der verschwundene Funkel-Ring

Friedrich liebt alles, was glitzert und funkelt. Und Vanessa aus seiner Klasse hat einen neuen Ring mit einem Funkelstern drauf. Wunderschön ist dieser Ring, der sogar die Stimmung anzeigen kann. Stolz zeigt Vanessa ihn in der Klasse herum. Selbst Frau Larsen muss den edlen Ring bewundern. Im Sportunterricht muss Vanessa den Ring ausziehen. Sie legt ihn auf die Holzbank. Friedrich muss die ganze Stunde auf dieser Bank sitzen, weil er seine Turnsachen vergessen hat und nicht mitmachen kann. Während die anderen turnen, starrt er immer wieder auf den Funkel-Ring. Ob ich ihn mal anprobiere, denkt er und greift nach dem Ring. Und auf einmal ist er *schwups* in seiner Hosentasche verschwunden. Friedrich wagt es kaum, sich zu bewegen. Als Vanessa nach der Stunde ihren Ring nicht findet, ist sie außer sich. „Mein Ring ist weg!", schreit sie und weint. „Er ist sicher nur runtergefallen", sagt Friedrich und blickt suchend auf den Boden. Da sagt Vanessa: „Vielleicht ist er ja geklaut. Frau Larsen, können Sie nicht bei allen die Hosentaschen nachsehen?" Friedrich erschrickt und blickt ängstlich zu Frau Larsen rüber. „Wenn wir ihn nicht finden, muss ich das wohl leider machen und mit jedem einzeln vor die Tür gehen und nachsehen", droht Frau Larsen mit hochgezogenen Augenbrauen. Friedrich wird plötzlich ganz heiß. Was soll er jetzt machen?

Darüber solltet ihr sprechen

1. Was glaubst du: Hat Friedrich den Ring stehlen wollen? Begründe deine Einschätzung.
2. Warum hat Friedrich den Ring eingesteckt?
3. Warum sagt Friedrich, dass der Ring runtergefallen sein könnte?
4. Wie findest du Vanessas Vorschlag, dass Frau Larsen die Taschen der Kinder kontrollieren soll? Sollte Frau Larsen das tun? Wie? Begründe.
5. Wie soll Friedrich sich jetzt verhalten?

Jetzt seid ihr an der Reihe

Schreiben

☐ Überlege dir ein Ende mit der besten Lösung für alle Beteiligten. Schreibe weiter.

☐ Friedrichs Diebstahl fliegt auf. Schreibe die Geschichte zu Ende.

Weiterspielen

☐ Ein Kind beschwert sich: „Wenn Sie bei allen die Taschen kontrollieren, dann glauben Sie ja wirklich, dass jemand von uns den Ring gestohlen hat! Das finde ich gemein!" Macht ein Rollenspiel zu dieser Szene.

Der Reisenerzähler

Marvin hat viel Fantasie. Am liebsten denkt er sich aufregende Reisen aus, die er beinahe in Wirklichkeit unternommen haben könnte. Er erzählt: „In den letzten Ferien waren wir in Tansania. Das ist ein Land in Afrika. Dort sind wir auf den höchsten Berg, den Kilimandscharo, gestiegen. Und von oben konnten wir fast die ganze Welt sehen. Als uns dann langweilig geworden ist, haben wir uns einen Fallschirm gekauft und sind wieder nach unten geflogen." Die Kinder aus seiner Klasse sind immer fasziniert und manchmal auch ein bisschen neidisch auf Marvins tolle Erlebnisse. Später in der Sachunterrichtsstunde spricht Marvins Klasse mit Frau Kröger über Wildtiere in Afrika. Sie fragt: „War jemand von euch schon mal in einem afrikanischen Land und hat vielleicht eine Safari erlebt?" Niemand in Marvins Klasse meldet sich, doch einige Kinder schauen erwartungsvoll zu Marvin rüber. Marvin fühlt sich etwas unbehaglich. Er rutscht auf seinem Stuhl hin und her und schaut verlegen auf den Tisch.

Da ruft Felix: „Doch, Marvin war schon in Tansania, hat er heute noch erzählt. Er ist da mit einem Fallschirm vom höchsten Berg runtergeflogen." Marvin merkt, wie sein Gesicht plötzlich heiß wird. Er schaut zu Frau Kröger. Sie lächelt und fragt mit einem seltsamen Unterton: „Das hast du erzählt, Marvin?"

Darüber solltet ihr sprechen

1. Warum erzählt Marvin solche Flunkergeschichten?
2. Warum fühlt sich Marvin plötzlich unbehaglich. Woran erkennst du sein Befinden?
3. Warum hat Frau Krögers Stimme einen seltsamen Unterton, als sie ihn auf sein Erlebnis anspricht?
4. Wie findest du Felix' Verhalten? Hat er Marvin verpetzt? Hat er sich falsch verhalten?
5. Wie soll Marvin sich verhalten? Was soll er Frau Kröger antworten?

Jetzt seid ihr an der Reihe

Schreiben

- ☐ Was sagt Marvin? Schreibe weiter.
- ☐ Marvin möchte Frau Kröger gerade die Wahrheit sagen, da fällt ihm eine neue Flunkergeschichte ein, mit der er sich rausreden kann. Schreibe seine Flunkergeschichte.

Weiterspielen

- ☐ Marvin sagt: „Felix hat da etwas falsch verstanden!" Spielt diese Szene mit verteilten Rollen.

Gestalten

- ☐ Male eine Szene aus Marvins Flunkergeschichte.

Klassendienst erledigt?

15

In Alyssas Klasse gibt es verschiedene Dienste: Austeildienst, Einsammeldienst, Blumendienst, Tafeldienst, Lüfte-Dienst, Kehrdienst … Alle zwei Wochen wechseln die Zuständigkeiten unter den Kindern. Alyssa hat vor allem nicht so viel Lust auf Tafeldienst oder Kehrdienst. Denn immer wenn man diese Aufgaben hat, verliert man entweder Zeit von der Pause oder man kommt zu spät in den Hort, während die anderen dort schon spielen. In dieser Woche wurden die Dienste neu verteilt. Alyssa ist immer froh, wenn sie bloß den Austeildienst erwischt. Damit ist sie schnell fertig. Stattdessen muss sie diesmal aber den Blumendienst übernehmen. Heute ist Freitag und sie hat bisher an noch keinem Tag die Pflanzen gegossen. Erst war die Gießkanne verschwunden und als sie wieder aufgetaucht war, hat Alyssa einfach nicht mehr dran gedacht. Jetzt hängen die grünen Blätter schon verdächtig tief runter. Darum sollen die Pflanzen vor dem Wochenende eine extra Portion Wasser kriegen.

Alyssa beginnt gerade, eine Blume zu gießen, als Herr Ahmet zu ihr sagt: „Du hast die ganze Woche deinen Dienst nicht erledigt, Alyssa."

Alyssa fühlt sich ertappt, sagt dann aber: „Nur weil Sie es nicht gesehen haben, heißt das nicht, dass ich es nicht gemacht habe."

Darüber solltet ihr sprechen

1. Was hältst du von Klassendiensten: sinnvoll oder belastend? Begründe.
2. Ist es ungerecht, dass Alyssa den Blumendienst erwischt hat?
3. Wie findest du es, dass Herr Ahmet Alyssa vorhält, den Dienst nicht erledigt zu haben? Wie kommt er darauf? Ist das eine gemeine Unterstellung?
4. Was hältst du von Alyssas Antwort? Warum antwortet Alyssa so?
5. Was hätte Alyssa noch antworten können? Was hättest du an ihrer Stelle gesagt?

Jetzt seid ihr an der Reihe

Schreiben

☐ Wie wird Herr Ahmet reagieren? Schreibe die Geschichte zu Ende.

☐ Alyssa schreibt einen Antrag fürs Kinderparlament. Sie fordert die Abschaffung der Klassendienste. Formuliere ihr Anliegen und nenne mögliche Argumente von Alyssa.

Weiterspielen

☐ Eliana hat das Gespräch zwischen Alyssa und Herrn Ahmet mitbekommen. Sie mischt sich ein und bestätigt, dass Alyssa ihren Dienst nicht erledigt hat. Alyssa sagt: „Kümmere dich um deinen Kram!" Macht ein Rollenspiel dazu.

Fietes Ausraster

16

Fietes Klasse spielt in den Pausen neuerdings immer Zombieball. Heute ist Gerda die Schiedsrichterin, weil sie einen dicken Gips am Arm hat und keinen Sport machen darf. Fiete ist richtig gut in Zombieball, denn er kann ausgezeichnet fangen und supergenau zielen. Sein Problem ist nur, dass er ein ganz schlechter Verlierer ist. Und leider hat er auch ein Ausraste- und Reinhau-Problem: Wenn er wütend wird, weiß er nicht mehr, was er tut: Dann brüllt er rum, schubst, schmeißt den Ball über den Zaun weg, beleidigt und schlägt um sich. Frau Sindel hat mit Fiete vereinbart, dass er eine Woche bei Zombieball aussetzen muss, wenn er wieder ausrastet. Fiete reißt sich schon immer doll zusammen, wenn er verliert. Manchmal klappt es auch. Heute hat er aber gar keinen guten Tag: Das Zombieballspiel hat eben erst begonnen und – *dong* – er ist raus! Geros Ball hat ihn heimtückisch von hinten getroffen. „Das ist unfair!“, brüllt Fiete. „Nein, du bist raus!“, entscheidet Schiedsrichterin Gerda. Jetzt hat Fiete alle guten Vorsätze vergessen. Er schnaubt, ihm wird es heiß und eng im Bauch. „Denk an die Sperrwoche!“, erinnert Gerda ihn. Aber das hört Fiete schon nicht mehr.

Darüber solltet ihr sprechen

1. Warum rastet Fiete aus? Kannst du ihn verstehen?
2. Ist es unfair, dass Gero Fiete sofort von hinten abwirft? Begründe.
3. Wie findest du die Entscheidung von Gerda? Begründe.
4. Was hältst du von Frau Sindels Maßnahme, Fiete eine Woche vom Zombieballspiel auszuschließen, wenn er ausrastet? Begründe deine Einschätzung.
5. Hast du Ideen, was Fiete und die Kinder außerdem tun könnten, damit Fiete seine Wut besser kontrollieren kann? Was könnte helfen?

Jetzt seid ihr an der Reihe

Schreiben

- ☐ Wie geht es weiter? Schreibe ein gutes Ende für die Geschichte.
- ☐ Wie geht es weiter? Schreibe ein schlechtes Ende für die Geschichte.
- ☐ Frau Sindel und die Klasse formulieren gemeinsam „5 Regeln für ein friedliches Zombieballspiel“. Was könnten das für Regeln sein?

Gestalten

- ☐ Gestalte ein großes Plakat zu den „5 Regeln“ von oben. Finde zu jeder Regel ein passendes Symbolbild. Male es neben die Regel.
  Tipp: In Kleingruppen kommen die besten Ideen zusammen.

Zu schnell gedreht

17

Maximilian wird auf Karussells oft schwindelig. Und auch Drehschaukeln und ähnliche Spielgeräte, die sich drehen, verträgt er nicht gut. Seit einer Woche gibt es auf seinem Schulhof einen neuen Drehpilz. Da können sich viele Kinder gleichzeitig dranhängen und im Kreis durch die Luft fliegen, wenn ein anderes Kind den Pilz anschiebt. Maximilian schaut zu. Es scheint schon Spaß zu machen. Daher will er auch mal probieren. „Aber nicht so doll", warnt er Annika, die anschiebt. „Nein, ich mach nur leicht", versichert Annika, doch dann schiebt sie doch zu schnell an: „Nicht so doll! Hör auf! Anhalten! Ich will nicht!" Aber Annika hört nicht mehr auf, weil die anderen Kinder „Schneller, schneller!" schreien. Als Maximilian endlich von dem Drehpilz runterkommt, ist ihm auch richtig übel. Er rennt ins Schulhaus, doch er schafft es nicht mehr zur Toilette. Schon im Treppenhaus muss er sich übergeben. Fabian holt schnell Frau Lutz. Sie sagt: „Leg dich erst mal hin. Ich sage der Hausmeisterin Bescheid. Die macht das wieder sauber." Doch die Hausmeisterin weigert sich. Sie sagt: „Ich hol dir jetzt einen Eimer Wasser und einen Lappen und dann machst du dein Malheur selbst weg!" Da protestiert Fabian: „Annika muss das sauber machen. Sie ist schuld, weil sie so schnell gedreht hat, dass Maximilian schlecht geworden ist!"

Darüber solltet ihr sprechen

1. Ist Maximilian selbst schuld, dass ihm schlecht wurde? Begründe.
2. Annika hat zwar versprochen, nur leicht anzuschieben, aber die anderen Kinder haben sie ermuntert, schneller zu drehen. Hat Annika einen Fehler gemacht? Begründe.
3. Wer hat bei diesem Vorfall einen Fehler gemacht? Wer hat richtig reagiert?
4. Wie hätten sich die Kinder anders verhalten können?
5. Wer sollte die Treppe sauber machen müssen?

Jetzt seid ihr an der Reihe

Schreiben

- ☐ Wie geht die Geschichte weiter? Schreibe sie zu Ende.
- ☐ Maximilian wischt die Treppe sauber. Zu Hause erzählt er seinen Eltern von dem Vorfall. Seine Eltern sind verärgert und schreiben eine Beschwerde-Mail. Schreibe ihre Mail.

Gestalten

- ☐ Wie sieht dieser Drehpilz aus der Geschichte aus? Zeichne deine Vorstellung von einem Spielgerät, das du gerne auf deinem Schulhof hättest. Es darf natürlich auch ein Drehpilz sein.

Ich wusste es zuerst!

Johanna und Laura sind Freundinnen. Sie machen fast alles zusammen und können sich immer aufeinander verlassen. Nur dass Johanna einen kleinen Tick besser in der Schule ist als Laura, das stört Laura manchmal. An einem Tag in der Adventszeit stellt Herr Winkler eine sehr schwierige Frage: „Weiß jemand, woher das Wort ‚Advent' kommt?" Johanna erinnert sich blitzschnell. Gestern beim Mittagessen hat ihre große Schwester Jule irgendwas von Advent erzählt. Jule hat nämlich schon Latein auf dem Gymnasium. „Advent" kommt von irgendeinem lateinischen Verb, *advenire* oder so ähnlich. Schnell streckt Johanna ihre Hand nach oben. Laura fragt leise ungläubig: „Du weißt, woher ‚Advent' kommt?"

„Aus dem Lateinischen", flüstert Johanna ihr zu. Jetzt meldet sich auch Laura und Herr Winkler nimmt sie sofort dran. „Aus dem Lateinischen", sagt Laura fast ein bisschen zu leise.

„Ja, super", ruft Herr Winkler mit einem breiten Lächeln. Laura lächelt ganz wenig zurück und schaut dann kurz zu Johanna rüber. Johanna hat ihren Arm müde auf den Tisch zurückfallen lassen und schaut etwas grimmig aus. Sie wusste es zuerst, am liebsten würde sie das Herrn Winkler jetzt sagen. Stattdessen raunt sie zu ihrer Freundin rüber: „Du bist so fies!"

Darüber solltet ihr sprechen

1. Kannst du Johannas Wut verstehen?
2. Warum hat Laura einfach Johannas Antwort geklaut?
3. Warum sagt Johanna Herrn Winkler nicht, dass sie die Antwort zuerst wusste?
4. Wie findest du Johannas Reaktion? Wie hätte Johanna stattdessen reagieren können?
5. Soll Johanna ab jetzt alle Antworten für sich behalten? Oder sollte sie ihre guten Antworten weiterhin mit anderen Kindern teilen? Begründe.
6. Wie soll Laura sich verhalten, als sie merkt, wie wütend ihre Freundin ist?

Jetzt seid ihr an der Reihe

☐ Johanna ist sauer auf Laura Schreibe die Geschichte zu Ende.

☐ Laura schämt sich und will sich erklären. Sie schreibt Johanna eine Nachricht im Chat. Schreibe ihre Nachricht.

Weiterspielen

☐ Herr Winkler hat Johannas Wut und Raunen mitbekommen. Er spricht sie darauf an. Macht ein Rollenspiel zu dieser Szene.

☐ In der Pause geraten die Mädchen in Streit. Laura schreit: „Du bist so lobsüchtig! Du gönnst mir nichts!" Spielt die Szene weiter.

Buntes Frühstück aus aller Welt

Frau Thiel hat sich etwas einfallen lassen für den letzten Tag vor den Ferien: *„Wir machen ein ‚Buntes Frühstück aus aller Welt'.* Alle Kinder bringen etwas zum Essen mit, das es bei euch zu Hause oder im Heimatland eurer Familie oder in eurem Lieblingsurlaubsland gibt. Dann frühstücken wir zusammen mit den Eltern. Und wenn wir die Eltern verabschiedet haben, schauen wir gemeinsam einen Film." Die Klasse freut sich. Vor allem auf den Film. Alle Kinder sollen zu Hause mit den Eltern Ideen sammeln, was sie mitbringen könnten, um das Frühstück bunt und interkulturell zu machen. Die Mitbringliste will Frau Thiel am letzten Mittwoch vor den Ferien beschließen, sodass alle Kinder ihre Sache noch gemütlich vorbereiten können. In der Klassenstunde am Dienstag besprechen sie die Ideen. Ihre Liste klingt aber gar nicht so bunt und vielfältig, wie Frau Thiel sich das vorgestellt hatte: Gurken, Cornflakes, Schokocreme, Heidelbeeren, Salami, Käse … Alle wollen dasselbe mitbringen. „Das klingt aber noch sehr unaufgeregt. Da müssen wir schon kreativer werden für unser buntes Frühstück aus aller Welt!"
In diesem Moment meldet sich Ismail und fragt halb beleidigt: „Aber was sollen wir mitbringen, Frau Thiel? Wir essen Cornflakes und Schokoaufstrich!" „Wir auch", fügt Anessa hinzu. „Wir auch", stimmt Isi mit ein.

Darüber solltet ihr sprechen

1. Wie findest du die Idee von einem „Bunten Frühstück aus aller Welt"? Was würdest du mitbringen?
2. Frau Thiel ist enttäuscht von den Vorschlägen der Kinder. Sie findet sie nicht kreativ. Was meint sie damit? Was hat sie erwartet, was die Kinder mitbringen?
3. Die Kinder erklären sich und ihre gleichen Ideen für die Liste. Die Erklärung ist nachvollziehbar und klar. Was meinst du: Was hat Frau Thiel nicht bedacht, als sie das Frühstück geplant hat?
4. Was könnte die Klasse tun?

Jetzt seid ihr an der Reihe

Schreiben

☐ Die Klasse überdenkt das Vorhaben von einem „Bunten Frühstück aus aller Welt". Schreibe die Geschichte zu Ende und lasse die Klasse eine passendere Lösung für das gemeinsame Frühstück finden. Tipp: Vielleicht passt ein anderes Motto besser …

☐ Formuliere einen Einladungstext, der zu deiner neuen Frühstücksidee passt.

Gestalten

☐ Gestalte eine Einladungskarte zum Frühstück für die Eltern. Schreibe deinen Einladungstext auf die Karte.

Wer bekommt Mario Marionetti?

An Merles Schule gibt es seit diesem Schuljahr eine Puppenspiel-AG. Merle und ihre Freundin Alina sind begeistert und machen mit. Und das Beste ist: Vor den Sommerferien führen sie dann alle zusammen den großen „Puppenzirkus Marionetti“ vor der ganzen Schule auf. Frau Haas, die Leiterin der AG, hat ihnen für die nächste Woche aufgegeben, sich schon mal zu überlegen, welche Puppe sie spielen möchten. Für Merle war von Anfang an klar: Der Jongleur Mario Marionetti hat wirklich das schönste und aufwändigste Kostüm. Schnell sagt sie zu Alina: „Ich möchte Mario Marionetti spielen!“, damit Alina gar nicht erst auf die Idee kommt, ihr die Rolle vor der Nase wegzuschnappen. „Den finde ich auch am besten“, gibt Alina sogleich zu verstehen. „Ich habe aber zuerst gesagt, dass ich ihn haben will! Du kannst ja schauen, dass du die Seiltänzerin bekommst“, entgegnet Merle bestimmt.

Eine Woche später, als Frau Haas die Rollen verteilen möchte, ist Merle nicht dabei, weil sie krank ist. Frau Haas fragt jedes Kind, welche Puppe es spielen möchte, und notiert sich die Wünsche. Als Alina an der Reihe ist, zögert sie kurz, doch dann sagt sie: „Ich möchte Mario Marionetti spielen!“ Frau Haas macht sich eine Notiz und fragt sie dann noch, ob sie vielleicht wisse, welche Rolle Merle haben möchte. Alina denkt einen Augenblick nach, dann antwortet sie: „Ich glaube, Merle wollte die Seiltänzerin haben.“

Darüber solltet ihr sprechen

1. Merle glaubt, dass ihr die Rolle des Mario Marionetti eher zusteht als Alina. Warum? Hat Merle Recht? Begründe.
2. Wer sollte Mario Marionetti bekommen? Begründe.
3. Darf sich Alina für Mario Marionetti entscheiden? Begründe.
4. Wie findest du es, dass Alina angibt, Merle wolle die Seiltänzerin spielen?
5. Hast du eine Idee, wie Frau Haas die Rollen gerecht verteilen könnte?

Jetzt seid ihr an der Reihe

Schreiben

☐ Schreibe die Geschichte zu Ende. Entscheide dich für eine Lösung, die du gerecht für alle Beteiligten findest.

☐ Als Merle von Alinas Lüge erfährt, ist sie sauer auf Alina. Sie wirft ihr vor, dass Alina sie hintergangen hat. Alina bereut ihr Verhalten zwar, aber findet Merle trotzdem auch unfair. Sie schreibt Merle eine E-Mail. Schreibe Alinas E-Mail.

Gestalten

☐ Wie sehen Mario Marionetti und die Seiltänzerin aus? Male ein Bild dazu.

Nachrichtenkontrolle

Emilia hat jetzt ein Handy so wie all ihre Freundinnen und Freunde. Endlich kann sie auch Nachrichten im Gruppenchat „Besties" schreiben, witzige Bilder und Videos teilen. Liva hat den Gruppenchat eingerichtet. Sie hat die Kontrolle. Liva hat sowieso immer und bei allem die Kontrolle: Sie will immer genau wissen, wer sich am Nachmittag mit wem verabredet hat. Sie bestimmt meistens auch, wer, wo, neben wem sitzen darf in der Mensa. Und wer in den Relax-Raum kommen darf.

Emilia ist froh, dass sie Livas Freundin Nummer 1 ist. Gleichzeitig hat sie aber auch Angst vor Liva, besonders vor ihren unberechenbaren Launen. Livas Stimmung kann von einem auf den anderen Moment plötzlich umschlagen, wenn man etwas falsch macht. Daher bemüht sich Emilia immer darum, dass Liva zufrieden ist.

Am Nachmittag bekommt Emilia eine Chatnachricht von Titus. Den mag sie gern, ihm hat sie heute ihre Nummer gegeben. Er ist aber nicht im Gruppenchat. „Ob es trotzdem o. k. ist, mit ihm zu schreiben?", überlegt Emilia noch. Doch dann reagiert sie auf Titus' Fragen und freut sich über seine Delfin-Videos.

Am nächsten Tag in der Schule kommt Liva gleich am Morgen auf sie zu und streckt ihr fordernd die Hand entgegen: „Emilia, Nachrichtenkontrolle!"

Darüber solltet ihr sprechen

1. Ist die Freundschaft von Emilia und Liva eine gute Freundschaft? Begründe.
2. Was macht eine gute Freundschaft aus? Begründe.
3. Emilia hat Angst, etwas falsch zu machen. Was könnte sie falsch machen? Wären diese Dinge tatsächlich falsch?
4. Was denkst du: Warum will Liva alles kontrollieren? Begründe.
5. Was meint Liva mit „Nachrichtenkontrolle"? Wie soll Emilia auf die Forderung reagieren?

Jetzt seid ihr an der Reihe

Schreiben

☐ Wird Emilia die Nachrichtenkontrolle zulassen? Schreibe die Geschichte zu Ende und finde dabei eine gute Lösung für Emilia. Vergleicht eure Geschichten.

Weiterspielen

☐ Emilia gibt Liva das Handy. Liva liest in allen Chats. Spielt die Szene mit verteilten Rollen. Überlegt euch zwei Varianten des Streitgesprächs: 1. mit einer starken Emilia. 2. mit einer ängstlichen und angepassten Emilia.

☐ Emilia gibt Liva das Handy nicht. Sie wirft Liva vor, übergriffig zu sein. Spielt auch diese Szene.

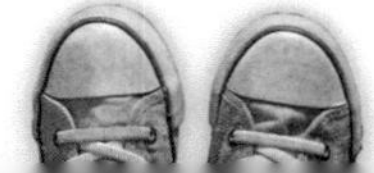

Angst vor Rob

Florian und Nico trauen sich in letzter Zeit nicht mehr, allein von der Schule nach Hause zu gehen. Denn auf dem Nachhauseweg lauern ihnen oft drei ältere Jungen auf. Der Anführer dieser Jungen-Gang heißt Rob und ist ziemlich Angst einflößend.
Anfangs wollte Rob immer nur Süßigkeiten von ihnen haben. Das haben sie ihm dann immer schnell gegeben. Aber in letzter Zeit will Rob immer mehr haben, sogar Geld. „Wenn ihr nicht macht, was ich sage, oder wenn ihr jemandem was erzählt, gibt's fette Schläge! Also überlegt es euch gut!", hat Rob gebrüllt und ihnen dabei fest in den Nacken gegriffen. Letztens wollte Rob sogar, dass Florian ihm seine Sneakers gibt. Und Nico musste ihm sein Handy geben.

Zu Hause haben sie dann erzählt, dass sie die Sachen verloren hätten. Nicos Mama hat wegen der verlorenen Sachen sogar richtig geschimpft. Aber heute hat Florian einen Entschluss gefasst. Er sagt: „Ich weiß, was wir gegen Rob und seine Gang machen können!"
„Was denn?", fragt Nico neugierig. „Wir nehmen uns morgen ein Messer mit. Und wenn Rob kommt und wieder was will, dann holen wir das Messer raus." Nico sagt: „Nein, wir müssen endlich unseren Eltern von Rob erzählen. Und der Polizei!"

Darüber solltet ihr sprechen

1. Warum machen Florian und Nico alles, was Rob sagt?
2. Warum haben sie zu Hause nicht die Wahrheit gesagt?
3. Wie findest du Florians Idee, am nächsten Tag ein Messer mitzunehmen? Ist das sinnvoll?
4. Kann das Messer ihnen bei ihrem Problem helfen? Begründe.
5. Sollten Nico und Florian ihren Eltern von Rob und seinen Drohungen erzählen? Begründe.
6. Wer könnte ihnen noch helfen?
7. Darf man als Kind zur Polizei gehen?

Jetzt seid ihr an der Reihe

Schreiben

- ☐ Florian und Nico diskutieren, was sie tun können, um Rob zu entkommen und ihr Problem zu lösen. Sie haben verschiedene Ideen und überlegen sich die Vor- und Nachteile davon. Wie entscheiden sie sich schließlich? Schreibe die Geschichte zu Ende.

Weiterspielen

- ☐ Florian und Nico haben ihren Eltern von Rob erzählt. Am nächsten Tag knöpft sich Nicos Papa Rob mal vor. Macht ein Rollenspiel zu dieser Szene.
- ☐ Rob bedroht Florian und Nico. Macht ein Standbild dazu.

Linus muss sich entschuldigen

Auf Ruths Geburtstag im Bowling Center ist die Stimmung gekippt. Alles fängt damit an, dass Leo wirklich gut im Bowlen ist. Er spielt als Einziger sogar ohne Bande. Und immer wenn er mal wieder fast alles abgeräumt hat, jubeln die anderen Geburtstagsgäste. Linus wird immer saurer darüber. Denn wenn er mal gut trifft, ist der Jubel nicht so groß. Er droht Leo und zischt: „Du bist hier nicht mehr sicher!“ Leo findet das nicht so lustig und sagt: „Lass es, Linus!“ Aber Linus lässt es nicht. Schließlich lässt er seine Bowlingkugel sogar extra auf Leos Fuß fallen, sodass Leo aussetzen muss, weil sein Zeh so weh tut.

Zu Hause nach dem Geburtstag ist Leo noch immer sehr frustriert über den Vorfall. Da klingelt Mamas Handy. Leo hört die Stimme von Linus' Papa sagen: „Ich habe hier einen ganz traurigen Linus, der sich entschuldigen will.“ Mama reicht Leo das Handy. Nach einer langen Pause hört Leo ein knappes „Tschuldigung“ von Linus. Sein Papa flüstert Linus noch irgendwas zu, aber Linus mault zurück: „Ich hab doch … Nein … Was soll ich …?“ Leo sagt nichts. Er hört, wie Linus fragt: „Hast du gehört?“ Leo presst ein leises „Mmh“ heraus und legt auf. Jetzt ist ihm richtig schlimm zumute …

Darüber solltet ihr sprechen

1. Wie findest du es, dass Linus' Papa anruft, damit Linus sich entschuldigen kann?
2. Warum soll Linus sich entschuldigen? Wann sollte man sich entschuldigen?
3. Warum macht Linus so eine lange Pause, bevor er „Tschuldigung“ sagt?
4. Wie findest du Linus' Entschuldigung? Was macht eine gute Entschuldigung aus? Begründe.
5. Muss man eine Entschuldigung immer annehmen?
6. Nach dem Telefonat fühlt Leo sich noch schlechter? Was denkst du, warum?

Jetzt seid ihr an der Reihe

Schreiben

- ☐ Leo fühlt sich schrecklich. Wie geht er mit seinen Gefühlen um? Welche Lösung findet er? Schreibe die Geschichte zu Ende.
- ☐ Leo wollte die Entschuldigung gar nicht annehmen. Er schreibt Linus eine Nachricht, um sich zu erklären.
- ☐ Linus will sich später aufrichtig entschuldigen. Er schreibt Leo im Chat. Schreibe diese Nachricht.

Weiterspielen

- ☐ Mama sagt zu Leo: „Aber was ist denn jetzt noch? Hat Linus sich nicht entschuldigt?“ Jetzt bricht die Wut aus Leo heraus. Spielt diese Szene mit verteilten Rollen.

Läuse-Alarm

Antonia hat Läuse. Um die Läuse wieder loszuwerden, musste Mama ihre Haare ewig mit einem eng gezinkten Kamm kämmen und mit einem speziellen Haarshampoo waschen. Davon riechen ihre Haare jetzt ziemlich scharf, sodass Antonia sich nicht traut, in die Schule zu gehen. „Am Ende riecht das jemand und sagt was zu mir“, befürchtet sie und bettelt ihre Mama an, ausnahmsweise zu Hause bleiben zu dürfen. Mama erlaubt es. Ausnahmsweise.
Nur ihrer besten Freundin Mara hat Antonia den wahren Grund für ihre Abwesenheit erzählt. „Sag das aber niemandem, versprichst du mir das?“, hat sie Mara noch gebeten. Und Mara hat versichert: „Du kannst dich auf mich verlassen.“
Bevor Antonia am nächsten Tag wieder zur Schule geht, sprüht ihre Mama ihr sicherheitshalber noch ein paar Spritzer Rosen-Parfüm auf die Haare. Damit dürfte dieser ekelhafte Läuseshampoo-Geruch übertüncht sein.
Als Antonia dann in ihren Klassenraum kommt, ruft Elena amüsiert: „Achtung, Läuse-Alarm! Bitte Sicherheitsabstand einhalten!“
„Stimmt ja gar nicht!“, gibt Antonia etwas hilflos zurück und merkt, wie ihr die Tränen kommen. Sie schaut Mara böse an. Doch die verdreht genervt die Augen und zuckt bloß mit den Schultern.

Darüber solltet ihr sprechen

1. Warum traut Antonia sich nicht, in die Schule zu gehen?
2. Was denkst du: Warum soll Mara den Grund für Antonias Abwesenheit nicht verraten?
3. Ist es in Ordnung, von Mara Verschwiegenheit zu fordern? Was sollte Mara sagen, wenn sie nach Antonia gefragt wird?
4. Wie findest du Elenas Verhalten?
5. Wie fühlt sich Antonia in dem Moment?
6. Wie verstehst du Maras Verhalten? Hat sie ihre Freundin verraten? Begründe.
7. Was kann Antonia jetzt tun?

Jetzt seid ihr an der Reihe

Schreiben

☐ Antonia glaubt, dass Mara sie verraten hat. Mara hat aber gar nichts von den Läusen erzählt. Sie will Antonia überzeugen. Schreibe zu Ende.

☐ Antonia sagt zu Mara: „Du hast mich verraten. Du bist echt gemein! Dafür erzähl ich jetzt allen, dass du dir letztens bei mir zu Hause vor Lachen in die Hose gemacht hast!“ Schreibe die Geschichte zu Ende.

Weiterspielen

☐ Mikolay ruft: „Ich hatte auch Läuse. Wo ist euer Problem? Es gibt Shampoo und Läusekamm.“ Die Kinder diskutieren. Macht ein Rollenspiel dazu.

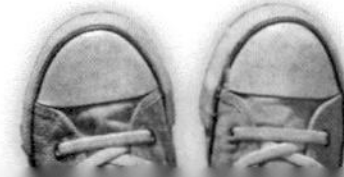

Eine preiswerte Deluxini-Jeans

Die coolen Deluxini-Jeans sind gerade der letzte Schrei in Isabels Klasse. Ava hatte zuerst so eine Jeans. „Man erkennt die Deluxini an den drei versetzten Nieten auf der linken Gesäßtasche. Grün, weiß und rot müssen sie sein. Nur dann ist es eine echte Deluxini", hat Ava erzählt. „Und die Jeans muss 90 Euro kosten. Alles andere ist Billigkram!" Isabels Freundin Deniz hat seit heute auch eine Deluxini. Ihr Papa hat ihr die Jeans im Internet bestellt und nur 60 Euro dafür bezahlt. Ava hat Deniz' Jeans mit ihren schmalen kritischen Augen sehr lange begutachtet und dann gesagt: „Tut mir leid, aber deine Jeans ist nur eine Fälschung."

Deniz hat darauf beharrt, dass ihre Deluxini ein Original ist. Aber trotzdem haben alle Kinder Ava geglaubt.

Zu Hause sagt Isabel zu ihrer Mama: „Alle haben diese Jeans. Jetzt habe ich als Einzige keine Deluxini." „Bitte, Isabel, nicht schon wieder … Ich habe keine 90 Euro für eine Kinder-Jeans übrig, egal was die anderen machen. Man muss nicht jeden idiotischen Trend mitmachen." Isabel fängt vor Wut an, zu heulen, und brüllt: „Dir ist es ganz egal, wenn ich Außenseiterin werde!" Da macht ihre Mama ihr einen Vorschlag: „Ich kann dir gerne drei Nieten auf deine Jeans kleben. Dann hast du auch eine Deluxini, nur preiswerter!"

Darüber solltet ihr sprechen

1. Was glaubst du: Warum wollen alle Kinder eine Deluxini-Jeans haben?
2. Wie findest du Avas Verhalten und ihre Reaktion auf Deniz' neue Jeans? Hat Ava Recht?
3. Überlege Gründe, warum Isabels Mama keine Deluxini-Jeans kaufen will.
4. Ist Isabels Mama gemein? Sollte sie nachgeben? Begründe.
5. Wie fühlt sich Isabel?
6. Wie findest du den Vorschlag von Isabels Mama, selbst eine Deluxini-Jeans herzustellen?
7. Was kann Isabel tun, um ihr Problem zu lösen?

Jetzt seid ihr an der Reihe

Schreiben

☐ Wie wird Isabel auf den Vorschlag reagieren? Schreibe zu Ende.

Weiterspielen

☐ Isabel sagt zu ihrer Mama: „Ava wird sofort merken, dass die Jeans nicht echt ist!" Macht ein Rollenspiel.

☐ Isabels Mama hat sich auf dem Elternabend über den Deluxini-Wahn beschwert. Am nächsten Tag spricht die Lehrerin mit der Klasse darüber. Da sagt Ava: „Nur weil Isabel sich keine Deluxini leisten kann, braucht ihre Mutter nicht so einen Aufriss zu machen!" Spielt diese Szene mit verteilten Rollen.

Nacheingeladen

Charlotte ist absolut enttäuscht! Martin aus ihrer Klasse hat alle Mädchen aus der 4a zu seinem Geburtstag eingeladen. Nur sie selbst hat als Einzige keine Einladung bekommen. Eigentlich könnte es ihr auch egal sein, denn Martin ist ihr überhaupt nicht so wichtig. Aber jetzt denken alle, dass sie nicht so beliebt ist. Sie ist traurig und es ist ihr sogar etwas peinlich. Auf Martins Geburtstag hätte sie außerdem Lust gehabt. Der findet nämlich im Zoo statt. Charlotte liebt den Zoo. Und die Kinder dürfen sogar die Elefanten füttern. Zum Abschluss gibt's dann eine *„Bärenstarke Brotzeit für hungrige Löwen in der Safari-Bar des Zoos"*. So steht es in der Einladungskarte, von der Charlotte leider keine bekommen hat. Was Charlotte aber fast noch mehr stört, ist, dass die anderen Mädchen munter über die Party plaudern und sie dabei offenbar völlig vergessen haben. Keine von ihnen bemerkt, dass das schade ist, wenn Charlotte nicht dabei sein wird.

Zwei Tage später, als Charlotte gerade Hausaufgaben macht, kommt ihre Mama in ihr Zimmer und sagt: „Martins Mutter hat gerade angerufen. Es ist ein Platz im Auto frei geworden, weil ein anderes Mädchen die Einladung abgesagt hat. Du bist nacheingeladen und könntest nun doch mit in den Zoo fahren." Doch Charlotte kann sich plötzlich gar nicht über die Einladung freuen.

Darüber solltet ihr sprechen

1. Wie fühlt sich Charlotte, als sie als Einzige keine Einladungskarte bekommen hat?
2. Wie findest du es, dass Charlotte nacheingeladen wird? Begründe.
3. Warum kann sich Charlotte über ihre verspätete Einladung nicht freuen? Stelle Vermutungen an.
4. Wie fühlt sich Charlotte, als sie doch noch eingeladen wird? Kannst du ihr Gefühl nachempfinden?
5. Soll Charlotte auf den Geburtstag gehen? Begründe deine Meinung.

Jetzt seid ihr an der Reihe

Schreiben

☐ Charlotte schreibt Martin eine Absage im Chat. Schreibe ihren Text.

☐ Schreibe eine originelle Geburtstagseinladung für den Zoobesuch.

Weiterspielen

☐ In der Pause reden alle über Martins Geburtstag. Charlotte wird wütend. Es gibt Streit. Macht ein Rollenspiel.

Gestalten

☐ Gestalte eine passende Einladungskarte für den Zoo-Geburtstag. Schreibe deinen Einladungstext auf die Karte.

Eine fragliche Mutprobe

Anne, Max und Patrizia sitzen ganz oben in dem großen Kletterstern auf dem Spielplatz. Hier oben können sie sich in Ruhe darüber unterhalten, in wen sie verliebt sind und so. Doch auf einmal ruft ein Junge aus einer Gruppe von älteren Kindern von unten zu ihnen hinauf: „Wollt ihr euch ganz easy ein bisschen Geld verdienen? Dafür braucht ihr nur eine kleine Mutprobe zu bestehen!“ Die drei schauen sich an. Sie sind neugierig und klettern nach unten. „Was sollen wir machen?“, fragt Anne selbstbewusst. „Wer von euch sich traut, eine Runde nackt über den Spielplatz zu laufen, der bekommt 20 Euro. Und ich filme das dann mit meinem Handy“, erklärt der Junge die Mutprobe und wedelt mit einem 20-Euro-Schein vor Max’ Nase.

Die anderen aus der Gruppe können ihr Lachen kaum verbergen. „Das mach ich nicht!“, ruft Patrizia. „Für 30 Euro?“, fragt ein Mädchen aus der Gruppe. Aber Anne, Max und Patrizia schütteln den Kopf. „Für 40 Euro?“, sagt das Mädchen dann. „Na los, das ist echt ein Angebot“, sagt der Junge. „Für kein Geld der Welt laufen wir nackt rum und lassen uns mit dem Handy filmen!“, sagt Max empört. „50 Euro! Und ihr dürft die Unterhose anbehalten, o. k.?“, bietet ein anderes Mädchen an. Jetzt fangen sie an, zu überlegen.

Darüber solltet ihr sprechen

1. Was hältst du von dieser Mutprobe? Was hältst du überhaupt von Mutproben?
2. Warum macht der Junge so einen Vorschlag? Ist das eine Mutprobe?
3. Was hindert Anne, Max und Patrizia daran, die vermeintliche Mutprobe durchzuziehen?
4. Für 50 Euro in der Unterhose über den Spielplatz laufen und sich mit dem Handy filmen lassen: Ist das ein gutes Angebot? Begründe.
5. Ist diese Mutprobe gefährlich? Was könnte passieren?

Jetzt seid ihr an der Reihe

Schreiben

☐ Lässt sich jemand auf die Mutprobe ein? Schreibe zu Ende.

☐ Mutproben machen manchmal auch Spaß. Du musst nur genau wissen, wann du dich darauf einlassen kannst. Wie findest du es raus?

Schreibe zwei Checklisten:
1) „Mutprobe ist in Ordnung“
2) „Mutprobe sein lassen“

Weiterspielen

☐ Anne, Max und Patrizia wollen sich nicht auf die Mutprobe einlassen. Sie haben gute Gründe. Die älteren Kinder versuchen, sie zu überreden. Macht ein Rollenspiel dazu.

Nick-las ist in An-na ver-liebt

28

Nicklas mag Anna. Sie ist nett, klug und witzig. Alle mögen sie, aber Nicklas mag sie am meisten. Donnerstags geht Nicklas oft zum Heidehof, Annas Reitstall. Er schaut ihr erst beim Reiten zu und danach hilft er ihr, wenn sie ihr Pferd Amigo putzt. Sie erzählt ihm dann alles über Pferde und vom Reiten. Und das Beste ist, dass er dann Zeit mit ihr allein hat und niemand dazwischenquatscht, wenn sie sich unterhalten. Doch heute ist das anders. Khalila, Kim und Sofie aus der Klasse sind auch auf dem Heidehof. „Was macht ihr denn hier?", fragt Nicklas genervt. „Wir wollen sehen, wie Anna reitet", erzählt ihm Sofie. „Und was machst du hier? Reitest du auch?", will Kim wissen. „Ähm, ich bin nur so hier. Ich mag die Pferde gern", weicht Nicklas aus.
Und da kommt Anna auch schon auf sie zu, Amigo hält sie am Halfter fest. „Ich hab so dollen Durst, das Reiten war so anstrengend", ruft sie. „Warte, ich hab 'ne Limo dabei", sagt Nicklas und wühlt schon hastig in seinem Rucksack. Da trällert Khalila plötzlich vergnügt: „Nick-las ist in An-na ver-liebt, Nick-las ist in An-na ver-liebt." Dann fügt sie hinzu: „Gib es zu, du bist in Anna!" Und Kim sagt: „Bist du in Anna? Sag jetzt mal!"

Darüber solltet ihr sprechen

1. Nicklas sagt den Mädchen, dass er wegen der Pferde auf dem Reiterhof sei. Warum sagt er das?
2. Hätte Nicklas sagen sollen, dass er Anna besucht? Was hättest du gemacht? Begründe.
3. Wie fühlt sich Nicklas, als Khalila trällert „Nick-las ist in An-na ver-liebt"? Was meinst du: Wie fühlt sich Anna in dem Moment?
4. Wie findest du Khalilas Verhalten?
5. Was soll Nicklas jetzt sagen?
6. Ist Verliebtsein peinlich?

Jetzt seid ihr an der Reihe

Schreiben

- ☐ Wird Nicklas zugeben, dass er in Anna verliebt ist. Schreibe die Geschichte zu Ende.
- ☐ Nicklas streitet vor den Mädchen ab, dass er in Anna verliebt ist. Doch zu Hause schreibt er Anna einen Liebesbrief. Schreibe Nicklas' Brief.

Weiterspielen

- ☐ Als Khalila singt „Nick-las ist in An-na ver-liebt", sagt Nicklas: „Ja, stimmt auch, na und?" Spielt die Szene mit verteilten Rollen.

Ich hatte die Idee zuerst

Chin hat ein eigenes Pferd. Cavallo heißt ihr rotbrauner Hengst. Auf Cavallo nimmt sie heute zum ersten Mal an einem Springreitturnier teil. Vor dem Turnier machen alle Kinder ihre Pferde noch hübsch für den großen Auftritt. Sie bürsten und putzen, sie flechten ihnen Zöpfchen in den Schweif und sie binden bunte Schleifen in ihre Mähnen. Doch egal, wie viel Mühe sich die anderen geben, Chin ist sich sicher: Ihr geliebter Cavallo wird das schönste Pferd des ganzen Turniers sein. Für Cavallos Mähne hat sie sich nämlich einen ganz besonderen Schmuck ausgedacht. Sie teilt seine Mähne in kleine Strähnen, reiht auf jede Strähne ein paar bunte Perlen auf und verwebt die Strähnen mit einem Seidenband. „Das sieht wunderschön aus!“, ruft Sina bewundernd. Chin ist selbst auch unglaublich stolz, als sie ihr Gesamtkunstwerk an Cavallo betrachtet.

Doch kurz darauf sieht sie, dass Sinas Pferd Joey jetzt auch so eine Mähne hat. Wütend stapft sie zu Sina rüber und sagt: „Ich hatte die Idee zuerst! Los, mach die Perlen wieder aus Joeys Mähne raus!“

Doch Sina denkt gar nicht daran. „Aber deswegen gehört dir die Idee noch lange nicht!“, gibt sie trotzig zurück. Da kommt zufällig Susanne, die Reitlehrerin, vorbei. Chin sagt: „Susanne, Sina macht mir alles nach! Sag ihr, sie soll die Perlen wieder aus Joeys Mähne nehmen!“

Darüber solltet ihr sprechen

1. Warum macht Sina die Idee von Chin nach?
2. Verstehst du, warum Chin so wütend darüber ist? Begründe.
3. Chin möchte, dass Sina die Perlen aus Joeys Mähne nimmt. Sollte Sina das tun? Findest du, dass Chin Recht hat? Begründe.
4. Sina sagt: „Aber deswegen gehört dir die Idee noch lange nicht!“ Hat sie Recht? Begründe.
5. Chin sucht Hilfe bei Susanne. Wie findest du dieses Verhalten? Was könnte Chin stattdessen tun?

Jetzt seid ihr an der Reihe

Schreiben

- ☐ Was wird Susanne antworten? Was wird Sina tun? Schreibe zu Ende.
- ☐ Chin ist wütend auf Sina, weil Sina die Perlen nicht aus Joeys Mähne nimmt. Sie überlegt sich eine List. Schreibe die Geschichte zu Ende.

Weiterspielen

- ☐ Zufällig kommt ein Fotograf von der Zeitung vorbei. Er findet Joeys Mähne schön. Für seine Reportage möchte er Sina mit Joey fotografieren. Sina sagt zu. Chin bekommt das mit. Spielt die Szene mit verteilten Rollen.

Das unterschlagene Mitbringsel

Nelly hat eine weltgewandte Oma, die ständig Reisen überallhin unternimmt. Immer bringt sie Nelly was Schönes von ihren Reisen mit. Diesmal hat Nelly zwei Broschen aus Marokko bekommen. Eine mit einer blauen und eine mit einer roten Blüte. Die blaue Brosche will sie Finja schenken, zum Zeichen ihrer Freundschaft. Als sie am Nachmittag bei Finja zum Spielen ist, zeigt sie ihr die Broschen und legt sie dafür nebeneinander auf Finjas Sofa-Tisch.

Doch auf einmal kommt Finjas Hund Elvis an. Er möchte spielen und fegt mit seinem Schwanz die beiden Broschen vom Tisch. Nelly will sie wieder aufheben, aber sie findet nur die blaue Brosche wieder. Die rote ist verschwunden. Nelly steckt sich die blaue Brosche an ihren Pulli und sagt: „Wenn du die rote findest, kannst du sie mir ja wiedergeben. Dann tauschen wir wieder.“ Am Abend, als Nelly schon nach Hause gegangen ist, entdeckt Finja die rote Brosche in Elvis’ zotteligem Schwanz. Sie hat sich da in seinem Fell verheddert. Als sie Nelly gerade anrufen will, um ihr von ihrem lustigen Fund zu berichten, kommt ihr ein Gedanke: Nelly ist doch jetzt zufrieden mit der blauen Brosche. Bestimmt vergisst sie die andere Brosche bald. Da könnte ich die rote doch einfach behalten.

Darüber solltet ihr sprechen

1. „Das unterschlagene Mitbringsel“: Was bedeutet unterschlagen? Was ist ein Mitbringsel? Wer unterschlägt etwas?
2. Warum zögert Finja, Nelly anzurufen, als sie die rote Brosche in Elvis’ Schwanz wiederfindet?
3. Finja denkt, dass Nelly allein mit der blauen Brosche zufrieden sein könnte. Was meinst du?
4. Wie findest du Finjas Idee? Darf sie die rote Brosche behalten? Eine Brosche war ja ohnehin für sie bestimmt. Begründe.
5. Wie könnte sich Finja verhalten?
6. Was wird Nelly tun?

Jetzt seid ihr an der Reihe

Schreiben

☐ Was wird Finja machen? Schreibe die Geschichte zu Ende.

Weiterspielen

☐ Finja behält die Brosche und erzählt Nelly nichts von ihrem Fund, obwohl Nelly mehrmals nachfragt, ob Finja sie gefunden hat. Eines Tages findet Nelly die Brosche in Finjas Schmuckschachtel. Spielt diese Szene.

☐ Finja behält die Brosche heimlich. Doch ein paar Tage später sagt ihre Mama zu ihr: „Was hast du denn da für eine Brosche? Ist das nicht die Brosche, die Nelly bei uns gesucht hat?“ Spielt diese Szene.

Abenteuerliches Zeltlager

Clara, Ronja und Melek sind in diesem Sommer mit der Kinder-Ferienfreizeit nach Borkum gereist. Dort verbringen sie jetzt drei Wochen in einem Zeltlager und werden lauter aufregende Abenteuer erleben: Nachtwanderungen, Floßbauen, Lagerfeuer … Das wird fabelhaft, denkt Clara. Als die drei Mädchen abends in ihrem Zelt liegen, plaudern sie vergnügt. Clara ist zu Ronja unter die Decke gerutscht, weil das viel gemütlicher ist. Auf einmal muss sie zur Toilette, weil sie den ganzen Abend Limo getrunken hat. Sie fragt: „Kommt jemand mit zur Toilette?" Ronja und Melek finden es aber gerade so kuschelig unter ihren Decken. Sie wollen nicht aus dem Zelt in die Kälte krabbeln. Doch Clara traut sich auch nicht allein im Dunkeln aus dem Zelt. Sie beschließt, zu warten, doch bald kann sie es kaum noch aushalten. „Ich muss ganz nötig aufs Klo, aber ich trau mich nicht allein im Dunkeln", bettelt sie. „Jetzt stell dich nicht so an!", sagt Melek genervt. Auf einmal spürt Clara, wie es auf der Luftmatratze warm und nass wird. Als sie ihr Malheur gerade beichten will, hat Ronja es schon selbst gemerkt. „Iiiihhhh, Pisse!" „Ich konnte einfach nicht mehr anhalten", schluchzt Clara und fügt hinzu: „Aber ihr seid auch schuld, ihr wolltet mich nicht begleiten!"

Darüber solltet ihr sprechen

1. Clara hat Angst, allein zur Toilette zu gehen. Melek sagt, Clara solle sich nicht so anstellen. Hat Melek Recht? Begründe.
2. Wer hat Schuld daran, dass Clara in die Hose gemacht hat? Begründe.
3. Wie findest du Ronjas Reaktion auf Claras Missgeschick?
4. Warum weint Clara?
5. Was könnten die Mädchen jetzt tun?
6. Wie hätten sich die Mädchen verhalten müssen, damit es kein Problem gibt?

Jetzt seid ihr an der Reihe

Schreiben

☐ Wie lösen die Kinder ihr Problem? Finde eine gute Lösung und schreibe die Geschichte zu Ende.

Weiterspielen

☐ Ronja will ihre nasse Pipi-Matratze mit der trockenen von Clara tauschen. Die Mädchen geraten in Streit und wecken die anderen Kinder und Betreuer auf. Spielt diese Szene mit verteilten Rollen.

Gestalten

☐ Erzähle die Geschichte in einem Comic. Zeichne auch ein passendes Ende für die Geschichte.

Elifs große Chance

Elif macht leidenschaftlich gerne Ballett. Erst vor einem Jahr hat sie damit angefangen. Aber sie hat schnell sehr große Fortschritte gemacht. Das hat auch ihre Ballettlehrerin Frau Hutten gesagt. Deswegen ist Elif vor Kurzem in die Fortgeschrittenen-Gruppe gekommen. Und das Schönste daran ist, dass ihre beste Freundin Lilli auch in dieser Gruppe tanzt. In der Fortgeschrittenen-Gruppe macht Elif weitere Fortschritte. Eines Tages kommt Frau Hutten nach dem Training zu ihr und sagt: „Elif, ich habe eine aufregende Neuigkeit für dich. Es gibt im Herbst einen Kinder-Tanzwettbewerb im Stadttheater. Da dürfen von jeder Ballettschule aus der Region Kinder mitmachen. Als Gewinn darf man in einem Stück der Alten Oper eine kleine Statistenrolle tanzen. Wäre das was?“ Elif überlegt. „Ich bin sicher, dass du gute Chancen hast“, ermuntert Frau Hutten sie. Elif freut sich sehr und nickt aufgeregt.

Beim Umziehen in der Kabine ist sie völlig in Gedanken versunken: ein Auftritt … Die Alte Oper … Applaus … Ein tolles Kostüm … Doch plötzlich reißt Lilli sie aus ihren Träumen und zischt: „Wenn du da mitmachst, bin ich nicht mehr deine beste Freundin!“

Darüber solltet ihr sprechen

1. Warum hat Frau Hutten Elif gefragt, ob sie bei dem Tanzwettbewerb mitmachen möchte?
2. Warum möchte Elif gerne mitmachen?
3. Warum stört es Lilli, wenn Elif mitmacht?
4. Kannst du Lillis Reaktion verstehen? Was ist mit ihr los? Begründe deine Einschätzung.
5. Elif soll sich zwischen Tanzwettbewerb und Freundschaft entscheiden. Wie findest du das? Wie würdest du entscheiden?
6. Was könnte Elif jetzt tun?

Jetzt seid ihr an der Reihe

Schreiben

☐ Wie wird Elif reagieren? Wird sie sich entscheiden? Schreibe die Geschichte zu Ende.

Weiterspielen

☐ Elif lehnt den Tanzwettbewerb Lilli zuliebe ab. Ihre Familie und Frau Hutten können das nicht verstehen. Sie diskutieren mit Elif. Spielt diese Szene mit verteilten Rollen.

Gestalten

☐ Elif träumt vom großen Auftritt. Male ihre Gedanken.

Ricos Pflegekaninchen

33

Rico wünscht sich schon lange ein Kaninchen. Aber seine Mama ist allergisch gegen Tierhaare. „Mama braucht das Kaninchen gar nicht anzufassen. Und auch den Stall mach ich immer ganz allein sauber", beteuert er. Ricos Freundin Marlene hat sogar zwei Kaninchen. Möhrchen und Pfläumchen heißen die beiden. Beide sind süß, verfressen und haben ein ganz weiches Fell.
Eines Tages im Garten bei Marlene sagt Rico: „Das ist so ungerecht, dass du zwei Kaninchen hast und ich keins! Nur wegen Mamas Allergie. Ich würde mich doch ganz allein um die Kaninchen kümmern. Sie hätte keine Arbeit."

Marlene überlegt kurz, dann sagt sie: „Ich hab eine Idee. Wenn du dich unbedingt um ein Kaninchen kümmern möchtest, dann kannst du Pfläumchen als Pflegekaninchen haben. Du kannst ihn füttern und seinen Stall sauber machen."
„Cool", freut sich Rico schon. „Und kann ich dann auch immer kommen und ihn auf den Arm nehmen und streicheln?", fragt er.
Marlene sagt mit ernster Stimme: „Nee, nicht so oft streicheln. Pfläumchen mag das nicht, wenn man ihn so oft hochnimmt. Aber er freut sich, wenn du seinen Stall sauber hältst und ihm Löwenzahn pflückst."
Da muss Rico überlegen.

Darüber solltet ihr sprechen

1. Warum darf Rico kein Kaninchen haben?
2. Sollten Ricos Eltern nachgeben, wenn Rico sich ganz allein kümmert? Begründe.
3. Ist es ungerecht, dass Marlene zwei Kaninchen hat und Rico keins? Begründe.
4. Wie findest du Marlenes Idee mit dem Pflegekaninchen? Ist das ein gutes Angebot?
5. Warum muss Rico jetzt überlegen, ob er auf Marlenes Angebot eingeht?
6. Wie soll Rico reagieren? Was würdest du an seiner Stelle antworten?

Jetzt seid ihr an der Reihe

Schreiben

☐ Wie wird Rico sich entscheiden? Schreibe die Geschichte zu Ende.

Weiterspielen

☐ Rico nimmt Marlenes Angebot an. Abends erzählt er seinen Eltern davon. Seine Eltern haben Zweifel. Spielt diese Szene mit verteilten Rollen.

☐ Rico übernimmt die Pflegepatenschaft für Pfläumchen. Nachdem er seinen Stall sauber gemacht und ihn gefüttert hat, will er ihn etwas auf den Arm nehmen. Da sagt Marlene: „Pfläumchen muss sich jetzt ausruhen." Macht ein Rollenspiel zu dieser Szene.

Erlebnisbad statt Hausaufgabenhilfe

Akil hat Hannes versprochen, ihm bei den Deutsch-Hausaufgaben zu helfen. In Deutsch machen sie gerade „Satzglieder bestimmen“. Hannes hat wirklich Schwierigkeiten damit. Akil dagegen findet es leicht.
Als Akil sich gerade auf den Weg zu Hannes machen will, klingelt das Telefon. Es ist Lukas, ein anderer Freund aus Akils Klasse. „Hast du Lust, heute mit uns schwimmen zu gehen?“, fragt Lukas. „Mein Papa hat Urlaub und wir gehen ins Erlebnisbad. Ich darf noch jemanden mitnehmen“, fügt Lukas hinzu. Akil hat Lust, schwimmen zu gehen. Seine Hausaufgaben mit Hannes hat er schon völlig vergessen. Er antwortet: „Klar, aber ich muss erst noch meine Mama fragen.“

Akils Mama ist nicht so begeistert von der Idee mit dem Erlebnisbad. „Und was ist mit Hausaufgaben?“, fragt sie. „Kann ich doch heute Abend noch machen, ist auch echt nicht viel, bitte“, bettelt Akil.
„Aber du wolltest doch die Hausaufgaben heute mit Hannes zusammen machen“, erinnert ihn seine Mama. Akil überlegt. Deutsch kann er Hannes morgen noch erklären. „Kannst du nicht bei Hannes anrufen und sagen, dass ich Bauchschmerzen habe und nicht kommen kann? So als Notlüge?“

Darüber solltet ihr sprechen

1. Warum ist Akils Mama nicht so begeistert von der Idee, mit ins Erlebnisbad zu fahren?
2. Wie findest du Akils Ausrede? Kann er damit sein Problem lösen? Begründe.
3. Könnte Akil mit seiner Lüge Probleme bekommen? Welche?
4. Wäre die Lüge eine Notlüge? Was ist eine Notlüge? Was hältst du von Notlügen? Begründe.
5. Wie könnte Akil sein Problem lösen? Wie könnte er sich verhalten, um seinen eigenen Wünschen, Hannes' Wunsch und Lukas gerecht zu werden?

Jetzt seid ihr an der Reihe

Schreiben

- ☐ Was wird Akils Mama tun? Wird er ins Schwimmbad fahren dürfen? Schreibe ein passendes Ende für diese Geschichte.

Weiterspielen

- ☐ Akils Mama entgegnet ihrem Sohn: „Ich werde nicht bei Hannes anrufen und für dich lügen!“ Spielt eine Diskussion zwischen Akil und seiner Mama.
- ☐ Stelle dir vor: Akil lässt sich verleugnen und geht schwimmen. Hannes hat nun Zeit und geht mit seiner Mama zufällig auch ins Erlebnisbad. Dort trifft er Akil und Lukas. Spielt diese Szene mit verteilten Rollen.

Kalle Holzkopf fehlt

Es ist Freitag. Stina hat Besuch von Ali. Sie haben das große Piratenschiff „Flotte Lotte“ fertig gebaut, das Stina zum Geburtstag bekommen hat. Ali hat dieses Schiff zu Hause auch. Und er hat fast alle Piratenfiguren, die zur Mannschaft der „Flotten Lotte“ gehören, mitgebracht. Während sie gemeinsam am Boden sitzen und mit dem Schiff spielen, steckt Stinas Bruder Jarit seine Nase zur Tür hinein: „Krass, du hast Kalle Holzkopf!“, bemerkt er und fragt: „Kannst du mir den ausleihen?“ Ali antwortet: „Vielleicht“, während Stina Jarit schon wieder aus dem Zimmer schiebt. Am Abend beim Aufräumen entdeckt Stina einige von Alis Piraten zwischen ihren Sachen. Auch Kalle Holzkopf ist darunter. Ali hat wohl nicht alles wiedergefunden, bevor er nach Hause gegangen ist.

Sie legt die Piraten auf die Kommode im Flur, um sie nach dem Wochenende nicht zu vergessen. Doch am Montag, als sie die Figuren in ihre Schultasche packen will, fehlt Kalle Holzkopf. Sofort hat sie Jarit im Verdacht. „Ich schwöre, ich hab den nicht! Außerdem: Ali merkt das bestimmt eh nicht, wenn ein Pirat fehlt“, sagt Jarit beschwichtigend.

Aber Ali bemerkt es später doch, er sagt: „Kalle Holzkopf fehlt. Frag mal deinen Bruder!“

Darüber solltet ihr sprechen

1. Sowohl Stina als auch Ali haben Jarit im Verdacht, den Piraten genommen zu haben. Ist das fair? Warum denken die beiden das? Begründe.
2. Ist es klar, dass Jarit den Piraten genommen hat? Wie schätzt du das ein? Begründe.
3. Wie könnte der Pirat sonst noch weggekommen sein? Hast du Ideen?
4. Was könnte Stina Ali entgegnen, als er Jarit verdächtigt?
5. Wie sollte sich Stina verhalten?
6. Welche Lösung gibt es für Stina und Ali, wenn der Pirat verschwunden bleibt?

Jetzt seid ihr an der Reihe

Schreiben

☐ Wird Kalle Holzkopf wieder auftauchen? Schreibe die Geschichte zu Ende.

☐ Kalle Holzkopf bleibt verschwunden. Schreibe die Geschichte zu Ende, in der Stina eine faire Lösung findet.

Weiterspielen

☐ Nach der Schule sucht Stina die ganze Wohnung ab, denn irgendwo muss der Pirat ja in der Wohnung verloren gegangen sein. Doch sie findet ihn nicht. Beim Abendessen beschuldigt sie ihren Bruder. Spielt diese Szene mit verteilten Rollen.

Moritz ist weg

Jorik und Silva haben Kaninchen. Max und Moritz heißen sie. Max gehört Jorik und Moritz gehört Silva. Mama hat für Max und Moritz extra einen großen Kaninchenstall im Garten gebaut, damit die beiden viel Platz haben und sich wohlfühlen. Eines Abends ist nur noch Max in seinem Stall. Moritz' Stalltür ist einen Spalt geöffnet und von Moritz fehlt jede Spur. Silva schreit panisch: „Moritz ist weg!", und fängt sofort an, zu weinen. „Der muss doch hier irgendwo im Garten sein. So ein kleiner Hase kann doch nicht weit weghoppeln!", versucht Mamas Freundin, sie zu beruhigen. Jetzt ist auch Mama nach unten gekommen. Zu viert suchen sie den ganzen Garten nach Moritz ab, aber sie finden ihn nicht. „Bestimmt wurde er geklaut oder der Fuchs hat ihn geholt!", schluchzt Silva. „Quatsch! Du hast den Stall wieder nicht richtig zugemacht. Das musste ja irgendwann passieren, dass der Hase weg ist", entgegnet Mama gereizt. In diesem Moment fällt Jorik ein, dass sein Freund Mika am Nachmittag mit Moritz gespielt hat. Mika war zuletzt an Moritz' Stall gewesen. Jorik denkt: Wenn ich Mama das erzähle, darf Mika bestimmt nie wieder zum Spielen kommen. Mama wird ihm sofort die Schuld geben, denn sie kann ihn sowieso nicht leiden.

Darüber solltet ihr sprechen

1. Warum verdächtigt Silvas Mama sie, den Stall nicht richtig verschlossen zu haben? Wie findest du das?
2. Warum ist die Mutter so gereizt und wütend?
3. Warum ist es für Kaninchen gefährlich, wenn ihr Stall nicht richtig verschlossen ist?
4. Warum verschweigt Jorik, dass Mika am Stall war?
5. Ist Mika für Moritz' Verschwinden verantwortlich? Begründe.
6. Soll Jorik seine Vermutung verschweigen, um seinen Freund zu schützen? Begründe.

Jetzt seid ihr an der Reihe

Schreiben

- ☐ Wird Jorik seine Vermutung äußern? Schreibe die Geschichte zu Ende.
- ☐ Joriks Mama sagt zu Silva: „Wir gehen jetzt wieder ins Haus. Wir finden Moritz heute nicht mehr. Da bist du selbst schuld!" Schreibe die Geschichte zu Ende.

Weiterspielen

- ☐ Jorik deutet vorsichtig an, dass auch Mika heute am Kaninchenstall war. Silva und seine Mama sind jetzt sehr wütend auf Mika. Sie unterstellen ihm, dass er Schuld hat. Spielt diese Szene mit verteilten Rollen.

37

Erst denken, dann reden?

Natalia hat ein Zeugnis voller Zweien bekommen. Sie freut sich und fühlt sich gut. Von ihren Eltern bekommt sie auch Lob: „Du hast dich toll angestrengt und prima durchgehalten!“, freut sich ihr Papa mit ihr. „Ich bin stolz auf dich“, sagt Mama. Es stimmt, sie hat sich angestrengt, besonders in Deutsch. Ihr Bruder Alexej ist schon auf dem Gymnasium. Sein Zeugnis hat fast nur Einsen. „Wenn du auch aufs Humboldt-Gymnasium gehen willst, musst du aber zusehen!“, sagt er neckisch zu ihr. „Unter 1,6 nehmen die niemanden.“ Natalia will auch aufs Humboldt wie Alexej und ihre Freundin Yema. Yema hat sieben Einsen. Das wird Natalia niemals schaffen. „Natti, du musst dich einfach mehr im Unterricht beteiligen. Mehr melden, nicht immer so schüchtern sein“, rät Papa ihr. „Ich kann mich doch nicht einfach melden, wenn ich die Antwort nicht weiß!“, rechtfertigt Natalia sich. „Doch“, sagt Mama, „Es muss ja nicht alles immer sofort richtig sein. Du musst nur zeigen, dass du aufmerksam bist.“ Unter Tränen sagt Natalia: „Ihr sagt immer zu mir: *‚Erst denken, dann reden‘*. Und jetzt soll ich es wieder anders herum machen! Nie ist es euch recht!“

Darüber solltet ihr sprechen

1. Wie findest du die Reaktionen von Natalias Familie auf ihr Zeugnis und ihre Leistungen? Wie findest du die Tipps ihrer Eltern?

2. Welche Reaktion würdest du dir an Natalias Stelle von deinen Eltern wünschen? Begründe.

3. Was meinen Erwachsene, wenn sie sagen: „Erst denken, dann reden“? Ist das ein fairer Rat?

4. Natalia sagt: „Nie ist es euch recht!“ Ihr kommen die Tränen. Warum ist Natalia verzweifelt?

5. Sind Natalias Eltern zufrieden oder unzufrieden? Müssen Kinder ihre Eltern mit Noten zufrieden stellen? Worauf kommt es beim Lernen in der Schule an?

Jetzt seid ihr an der Reihe

Schreiben

☐ Schreibe die Geschichte mit einem guten Ausgang zu Ende.
Tipp: Überlege, welche Lösung du selbst gut finden würdest.

☐ Natalia überlegt sich zwei Ziele für das kommende Schuljahr. Du kannst dir auch zwei Ziele für dich überlegen. Schreibe zu jedem Ziel einen vollständigen Satz.

Weiterspielen

☐ Natalia weint. Sie glaubt, dass ihre Eltern nicht zufrieden mit ihr sind. Doch darum geht es ihren Eltern nicht. Die Familie diskutiert. Was könnten Natalia, ihr Bruder und die Eltern bereden? Spielt diese Szene mit verteilten Rollen.

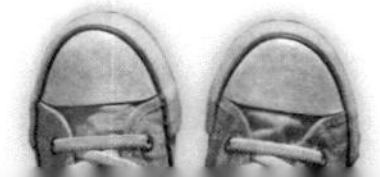

Herzenswunsch

Ariane ist *Surfy Curvy*-Fan. *Surfy Curvy* ist der Name von zwei Typen, die auf ihren Surf-Skateboards E-Gitarre spielen, während sie durch die Stadt cruisen. *Surfy Curvy* haben auch einen Insta-Kanal, wo man jeden Tag Reels und Storys von ihnen anschauen kann. Da präsentieren sie Tipps und Tricks zum Skate-Surfen. Arianes Freund Tim findet *Surfy Curvy* auch ziemlich cool, denn er skatet selbst. Aber Tim ist kein Follower. Seine Eltern erlauben ihm nicht, dass er Insta auf seinem Handy hat. Deswegen erfährt er alles immer nur, wenn er mit Ariane zusammen in ihrem Handy bei Insta schaut.

Tim hat viel von *Surfy Curvy* abgeschaut. Und er ist richtig gut im Skaten. Viel besser als Ariane, obwohl er nur das alte Board von seinem Bruder hat. Eines Tages erzählt ihm Ariane aufgeregt, dass *Survy Curvy* ihr Board verlost haben. Ariane hat tatsächlich das legendäre *Surfy Curvy*-Board gewonnen. Am Abend macht Tim seinen Eltern Vorwürfe: „Mein ganzes Leben habe ich auch von so einem Board geträumt. Das war mein Herzenswunsch. Die Chance meines Lebens. Ihr habt sie mir versaut, weil ihr mir kein Insta erlaubt! Wegen euch verpasse ich alles!“

Darüber solltet ihr sprechen

1. Sind Tims Eltern schuld, dass ihm das Surfy Curvy-Board entgangen ist?
2. Was ist ein Herzenswunsch? Müssen Herzenswünsche erfüllt werden? Hast du einen Herzenswunsch?
3. Was glaubst du: Warum darf Tim kein Insta auf seinem Handy haben? Sollte er es haben dürfen? Welche Gründe dafür und dagegen kennst du?
4. Was bedeutet: „Die Chance des Lebens“? Ist ein Gewinn so eine „Chance des Lebens“? Hat Tim sie verpasst?
5. Hat Tim etwas verloren?
6. Was können Tims Eltern tun?

Jetzt seid ihr an der Reihe

Schreiben

☐ Wie werden Tims Eltern reagieren? Was wird Tim antworten? Schreibe die Geschichte zu Ende. Finde hier eine Lösung für Tim, wie er sich Herzenswünsche erfüllen kann, ohne von einem Gewinnspiel abhängig zu sein.

☐ Erstelle deine persönliche Herzenswunschliste. Schreibe für jeden Wunsch einen vollständigen Satz. Bringe deine Liste in eine Reihenfolge. Beginne mit dem dringendsten Wunsch.

Weiterspielen

☐ Tim und seine Eltern diskutieren. Spielt diese Szene mit verteilten Rollen.

39

Geburtstagsüberlegungen

Linja feiert bald ihren 9. Geburtstag. Sie hat schon Pläne: Eine Poolparty im Garten soll es geben, mit Cocktails, Eis und Disco am Abend. Acht Kinder darf sie einladen.
Als ihre Freundin Dilan zu Besuch ist, gehen sie die Gästeliste durch: Dilan, Lenny, Palina, Sibel, Lucy, Maya, Marilynn, Oskar, Birk, Dascha, Janne – das sind mehr als acht Kinder. Ihre Eltern haben ihr aber nur acht erlaubt. „Mama, acht Kinder reichen nicht. Es gibt elf Kinder, die ich einladen will", jammert Linja. „Elf?", ruft Mama mit alarmierter Stimme. „Dann passt ihr ja gar nicht alle in den Pool. Elf sind zu viele. Höchstens acht."

„Hm, dann vielleicht Lucy, Lenny und Oskar nicht. Aber dann hat Birk keinen Freund da", überlegt Linja. „Oder Janne, Sibel und Lucy nicht", überlegt sie weiter. Da sagt Dilan: „Doch, Janne musst du einladen! Auf ihrem Geburtstag warst du auch."
„Nein, ich muss sie deswegen nicht einladen", sagt Linja. „Ich war zwar da, aber habe ja auch ein Geschenk mitgebracht. Das ist damit abgegolten."
Dilan überlegt: „Mein Papa sagt immer: ‚Überlege dir, ob du die Einladung annehmen willst. Wenn du das Kind auf deinem Geburtstag auch gerne dabeihaben willst, dann kannst du zusagen.'"

Darüber solltet ihr sprechen

1. In welchem Dilemma steckt Linja? Welche Überlegungen stellt sie an, um ihr Problem zu lösen?
2. Dilan findet, dass Linja Janne einladen muss, weil sie die Einladung zu Jannes Geburtstag auch angenommen hat. Stimmst du Dilan zu? Begründe.
3. Linja findet, dass sie Janne nicht einladen muss, weil Jannes Einladung mit ihrem Geschenk längst abgegolten ist. Stimmst du Dilan zu? Begründe.
4. Man geht nur auf Geburtstage von Kindern, die man selbst auch einladen würde. Wie findest du diese Empfehlung? Begründe.

Jetzt seid ihr an der Reihe

Schreiben

☐ Schreibe einen Einladungstext zu Linjas Geburtstag.

Gestalten

☐ Gestalte eine Geburtstagseinladung zu Linjas Geburtstag. Verwende den Einladungstext, den du in der Schreibaufgabe bereits geschrieben hast. Überlege dir eine passende Gestaltung zum Text.

Weiterspielen

☐ Linja und Dilan diskutieren. Wie wird sich Linja infolge der Diskussion entscheiden? Spielt die Geschichte zu Ende.

10 Euro für ein Perlenkrokodil

Iva hat von ihrer großen Schwester Anastasia einen kleinen Perlenkrokodil-Anhänger geschenkt bekommen. Diesen Anhänger hat Anastasia selbst gemacht. Das ist gar nicht so leicht. Anastasia hat in einem Buch nachgelesen, wie das geht. Iva durfte sich dann die Farben für die Perlen aussuchen. Das Krokodil ist lila und schwarz und fühlt sich beinahe seidig an. Niemand in Ivas Klasse hat so einen selbst gemachten Anhänger. Anastasia hat das Krokodil an Ivas Jacke am Reißverschluss befestigt. Als Iva am nächsten Morgen damit in die Schule kommt, zeigt sie es allen und berichtet stolz: „Das hat meine Schwester gemacht!“ Doch plötzlich ruft Tam: „Hässlich!“, und reißt an Ivas Reißverschluss, sodass das Krokodil kaputtgeht. Die vielen kleinen Perlen kullern jetzt überall auf dem Boden herum. Iva weint und erzählt Anastasia von Tams Gemeinheit. Anastasia ist wütend und sagt: „Morgen sagst du Tam, dass sie mir das bezahlen muss. 10 Euro! 5 Euro für die Perlen und 5 Euro fürs Kaputtmachen. Sonst bekommt sie es mit mir zu tun!“ Am nächsten Tag geht Iva zu Tam und erzählt ihr von Anastasias Forderung. Tam ist eingeschüchtert und sagt: „Ja, bring ich dir morgen mit.“ Noch am selben Abend ruft Tams Mama an. Sie sagt: „So ein kleines Krokodil ist doch niemals 10 Euro wert!“

Darüber solltet ihr sprechen

1. Warum macht Tam Ivas Perlenkrokodil kaputt? War das Absicht? Begründe.
2. Tam soll 10 Euro für das Krokodil bezahlen. Was meinst du: Ist das gerechtfertigt? Kann Tam den Schaden mit 10 Euro wiedergutmachen? Begründe.
3. Welcher Schaden ist entstanden? Wie könnte Tam ihn auf andere Weise gutmachen?
4. Warum ruft Tams Mama bei Ivas Familie zu Hause an?
5. Tams Mama sagt, dass der Anhänger keine 10 Euro wert sei. Hat sie Recht? Begründe.

Jetzt seid ihr an der Reihe

Schreiben

☐ Was könnte Iva Tams Mama antworten? Wird Tam die 10 Euro bezahlen? Schreibe die Geschichte zu Ende.

Weiterspielen

☐ Tam hat die 10 Euro am nächsten Tag nicht dabei. Iva droht, dass sie in der Pause Anastasia Bescheid sagt. Zufällig hört ihr Lehrer bei dieser Unterhaltung zu. Da fängt Tam plötzlich an, zu weinen, und sagt: „Ich hab den Anhänger nur aus Versehen kaputt gemacht! Das war keine Absicht!“ Spielt diese Szene mit verteilten Rollen.

Verzockt!

41

Idris zockt gerne. Spiele mit viel Tempo, Geräuschen und Geschicklichkeit sind seine Spezialität. Sein Bruder Emir ist immer ganz beeindruckt, wie gut Idris schon ist. Kein Wunder, denn Idris hat die Konsole im Zimmer und viel Training. Er hat sogar all seine Spielsachen verkauft, um sich Zock-Sachen zu leisten.
Neuerdings gibt er sein Geld immer öfter für Lootboxen aus. Diese Boxen sind eine Art Kraft-Paket, mit denen man seine Figuren upgraden kann. Das bedeutet, die Figuren werden mit jeder Box stärker, weil sie damit bessere Fähigkeiten bekommen. So kann Idris im Spiel auch immer besser werden.

Als Idris und Emir an einem Nachmittag gemeinsam zocken, hat ihr Drachenjäger *Akilas* gerade einen super Lauf: Er hat schon 9 Battles gewonnen. Aber plötzlich im 10. Battle wird *Akilas* langsamer. „Mist, er macht schlapp! Warum gerade jetzt?“, ruft Idris aufgebracht, fast panisch.
„Komm, Alter, hau rein!“, brüllt Emir.
Da poppt eine goldene Box in der Bildschirmmitte auf: >>ENERGY POWER BOX!!!<<
Idris ruft erleichtert: „Zum Glück, nur 8,99 €!“ Emir hält ihn am Arm fest: „Stopp, nicht klicken!“

Darüber solltet ihr sprechen

1. Idris gibt sein ganzes Geld für Computerspielen aus. Ist das in Ordnung? Kann man sich selbst aussuchen, wofür man Geld ausgibt? Begründe.
2. Kannst du in eigenen Worten erklären, was Lootboxen sind?
3. Warum kaufen Spieler regelmäßig Lootboxen? Vermute Gründe.
4. Akilas macht genau im 10. Battle schlapp. „Warum gerade jetzt?“, fragt Idris. Hast du eine Idee?
5. Idris sagt: „Zum Glück, nur 8,99 €!“ Findest du, dass Idris Glück hat? Begründe.
6. Was denkst du: Warum sagt Emir „Stopp!“? Wie findest du seine Reaktion?

Jetzt seid ihr an der Reihe

Weiterspielen

☐ Emir hält Idris von einem schnellen Klick auf die Lootbox ab. Idris hat keine Zeit. Er will nicht diskutieren. Trotzdem verliert er wertvolle Sekunden. Seine Figur Akilas wird schließlich besiegt und Idris verliert das 10. Battle. Er ist wütend. Die Brüder geraten in Streit und diskutieren über Schuld und Geld. Spielt den Streit.

Gestalten

☐ Zeichne eine Karikatur zu dem Moment, in dem die Figur Akilas schwächelt, die Lootbox auf dem Bildschirm aufpoppt und die beiden Brüder gebannt auf den Bildschirm starren. Zeichne dein Bild so, dass man sowohl den Bildschirm als auch die Gesichter der Kinder erkennt.

Elinas Entscheidung

Elinas Familie lebt im Wechselmodell. Elina ist immer eine Woche bei ihrer Mama und die andere Woche bei ihrem Papa. Bei Papa lebt auch noch Anja, Papas Frau, und Pepe, der Sohn von Anja. Pepe ist genauso alt wie Elina. Und es wohnt dort noch Fritz, ihr kleiner Bruder, Papas und Anjas gemeinsames Kind. Bei Mama lebt manchmal noch Anne, Mamas Freundin. Gestern hat Mama ihr etwas Schönes und Schreckliches zugleich erzählt: Schön ist, dass Mama und Anne heiraten werden. Schrecklich ist, dass Mama und Anne im nächsten Jahr auf einen alten, klapprigen Hof auf dem Land ziehen wollen. Richtig weit draußen, viel zu weit weg von Papa, Anja, Fritz und Pepe. Weit weg von ihrer Schule und all ihren Freundinnen und Freunden. „Das wird fantastisch, da!“ Wir werden riesig viel Platz haben, unser eigenes Gemüse anbauen. Wir können endlich Katzen haben. Und vielleicht sogar ein eigenes Pferd. Du wirst staunen, wie schnell du dich einleben wirst – wenn du mitkommst“, versucht Mama, sie zu ermuntern. Elina wird immer trauriger. Das klingt nach einem guten Ferienprogramm, aber nicht nach ihrem Leben. „Und Papa?“, fragt sie. „Ich will nicht aufs Land umziehen. Und du kannst mich auch nicht zwingen, dass ich mich entscheide!“

Darüber solltet ihr sprechen

1. Warum ist Mamas Nachricht schön und schrecklich zugleich?
2. Verstehst du, warum Elina sich nicht freut, dass sie mit Mama aufs Land ziehen könnte?
3. Was denkst du: Was ist Elinas Wunsch?
4. Muss Elina sich entscheiden? Darf ihre Mama sie zu einer Entscheidung zwingen? Was kann sie tun?
5. Wie kann Elina eine passende Entscheidung für sich finden?
6. Hast du einen Vorschlag, welche Lösung Elina für ihre Situation finden könnte?

Jetzt seid ihr an der Reihe

Schreiben

- ☐ Bei Entscheidungen hilft es, eine Liste zu machen, in der man notiert, was für und was gegen eine Sache spricht. Schreibe die Liste für Elina.
- ☐ Wie könnte Elinas Leben in einem Jahr aussehen? Blicke in die Zukunft und beschreibe ihr Leben.

Gestalten

- ☐ Zeichne Elinas Familienbaum. Beginne mit Elina. Wenn du alle Personen gezeichnet hast, kannst du Elinas zwei Welten farbig voneinander absetzen. Du kannst auch Dinge ergänzen, die in die Welten gehören könnten.

Die geschwänzte Klavierstunde

Paul bekommt Klavierunterricht. Jeden Mittwoch bringt ihn seine Mama zur Musikschule. Seine Mama meint, dass es zu einer guten Bildung dazugehört, dass man ein Instrument spielen kann. Doch Paul hat meist keine Lust, zur Klavierstunde zu gehen. Er hat in der vergangenen Woche wieder kaum geübt und kann das neue Stück gar nicht. Seine Mama sagt zu ihm: „Paul, ich habe heute ein wichtiges Meeting mit einem Kunden. Fahr bitte allein zur Musikschule." Paul packt sein Sonatinen-Buch ein und radelt los. Doch anstatt zur Musikschule fährt er einfach zu seinem Freund Erik. Mit seinem Handy ruft er in der Musikschule an und sagt mit leidend gespielter Stimme: „Hallo, hier ist Paul Marx. Ich habe so starke Bauchschmerzen, ich kann heute leider nicht zur Klavierstunde bei Herrn Vollmer kommen." Nachdem er aufgelegt hat, schlägt er Erik vor: „Lass mal in der Stadt ein Eis essen. Ich habe noch 8 Euro." In der Stadt treffen sie Lisa und Marie aus ihrer Klasse. Die beiden haben sich ein großes Eis gekauft und sitzen am Springbrunnen vor der Eisdiele. Paul versucht, sie mit Wasser nass zu spritzen. Lisa fängt zu kreischen an und spritzt zurück. Doch auf einmal hört Paul eine mahnende Stimme sagen: „Bei starken Bauchschmerzen sollte man aber nicht so herumtoben!" „Äh, hallo, Herr Vollmer", stammelt Paul.

Darüber solltet ihr sprechen

1. „Ein Instrument gehört zu einer guten Bildung dazu." Stimmt das? Was denkst du? Welche Gründe gibt es, ein Instrument zu lernen?
2. Wie findest du es, dass Paul die Klavierstunde schwänzt? Darf er sich die Auszeit gönnen? Begründe.
3. In der Stadt trifft Paul seinen Klavierlehrer. Wie fühlt er sich in diesem Moment? Wie könnte Paul sich verhalten?
4. Wie könnte Paul mit seinem Problem umgehen, dass er keine Lust auf den Klavierunterricht hat?
5. Was denkst du: Ist Klavierspielen Pauls Hobby? Was ist ein Hobby?

Jetzt seid ihr an der Reihe

Schreiben

☐ Wie geht die Geschichte weiter? Schreibe sie zu Ende.

Weiterspielen

☐ Plötzlich steht Herr Vollmer vor Paul. Macht ein Standbild zu dieser Szene.

☐ Pauls Mama kommt zufällig vorbei. Sie sagt: „Herr Vollmer, halten Sie Ihre Klavierstunden bei schönem Wetter in der Eisdiele ab?" Spielt diese Szene mit verteilten Rollen.

☐ Herr Vollmer ruft abends bei Pauls Eltern an. Seine Eltern stellen Paul danach zur Rede. Macht ein Rollenspiel zu dieser Szene.

Lassen Sie mich!

Mais sitzt allein auf der großen Zweierschaukel, die sonst fast immer besetzt ist. Aber heute ist kein einziges Kind auf dem Spielplatz. Nur ein Mann mit einem SpongeBob-Shirt sitzt auf der Bank, raucht und schaut immer zu Mais rüber. Mais hat keine Lust mehr, allein zu schaukeln. Sie geht zu ihrem Fahrrad, das sie zuvor an der Bank abgestellt hat, auf der jetzt der Mann sitzt. Er lächelt sie an. Gerade will sie auf ihr Rad steigen, da sagt er zu ihr: „Cooles Fahrrad, schrille Farbe!“ Mais ruft: „Lassen Sie mich!“, wie sie es beim Sicherheitstraining gelernt hat. Sie merkt, wie ihr Herz schlägt. „Du brauchst keine Angst vor mir zu haben“, sagt der Mann. „Deine Eltern haben dir wahrscheinlich gesagt, dass du dich nicht von Fremden in ein Gespräch verwickeln lassen sollst.“ Dabei zwinkert er mit einem Auge. „Und sie haben Recht, deine Eltern. Das ist wirklich wichtig, dass man vorsichtig ist. Ich sag das zu meiner Tochter auch immer. Willst du mal ein Foto von ihr sehen?“ Der Mann streckt ihr sein Handy entgegen. Mais wirft einen vorsichtigen Blick auf das Mädchen mit den braunen Locken. „Das ist Selina“, sagt er. Dann fragt er: „Und wie heißt du?“. Direkt wiederholt Mais laut und deutlich ihren Satz vom Sicherheitstraining: „Lassen Sie mich!“

Darüber solltet ihr sprechen

1. Was bedeutet „sich in ein Gespräch verwickeln lassen“? Erkläre und überlege Beispiele.
2. Warum soll sich Mais nicht von Fremden in ein Gespräch verwickeln lassen?
3. Wie fühlt sich Mais, als der Mann sie anspricht?
4. Wie würdest du dich fühlen, wenn der Mann dich anspricht?
5. Ist der Mann nett? Wie findest du sein Verhalten? Begründe.
6. Wie findest du Mais’ Verhalten? Ist sie unhöflich? Was würdest du an ihrer Stelle tun?

Jetzt seid ihr an der Reihe

Schreiben

☐ Der Mann lässt nicht locker. Was wird Mais tun? Schreibe die Geschichte zu Ende.

Weiterspielen

☐ Mais lässt sich auf ein Gespräch mit dem Mann ein. Zufällig kommt auf einmal ihre Mama vom Einkaufen vorbei, weil sie Mais vom Spielplatz holen möchte. Was wird ihre Mama wohl sagen? Wie wird sich Mais erklären? Was tut der Mann? Spielt diese Szene mit verteilten Rollen.

Rausgerutscht

Oskar langweilt sich. Er darf gerade nicht an der Konsole spielen, weil seine Schwester Mona für ihr Abitur lernen muss und Ruhe braucht. Oskar geht zu Mama ins Arbeitszimmer. Mama schreibt gerade Namen untereinander auf einen Zettel. „Was machst du da?", fragt er. „Wenn du ein Geheimnis für dich behalten kannst, verrate ich es dir." Seine Mama schaut ihn verheißungsvoll an. „Logisch!", sagt Oskar cool.
„Das ist die Gästeliste für Monas Geburtstag. Papa und ich organisieren eine Überraschungsparty für sie zum 18. Aber psssst, hörst du?" Oskar tut so, als schließe er sich den Mund ab. Dann geht er wieder in sein Zimmer. Als er an Monas Zimmer vorbeikommt, hört er, wie sie ins Telefon brüllt: „Lass mich doch in Ruhe, am besten für immer!" Dann schmeißt sie das Telefon aufs Bett. Oskar fragt: „Wer soll dich für immer in Ruhe lassen?" Genervt entgegnet sie: „Niko. Und jetzt raus mit dir, Oskar. Ich muss lernen."
Sie will ihn schon zur Tür hinausschieben, da sagt Oskar frech: „Niko kann dich gar nicht in Ruhe lassen. Mama hat ihn auch auf deine Party eingeladen!" Mona schaut ihn mit großen Augen an und sagt: „Was redest du da?" In diesem Moment merkt Oskar, was ihm da gerade rausgerutscht ist. „Nichts", murmelt er verlegen und will in sein Zimmer flüchten, doch Mona hält ihn am Arm fest …

Darüber solltet ihr sprechen

1. Warum ist die Gästeliste ein großes Geheimnis, das Oskar für sich behalten soll?
2. Oskar erwähnt versehentlich die Party in Monas Gegenwart. Wie konnte das passieren?
3. Wie fühlt sich Oskar, als er merkt, dass ihm das Geheimnis rausgerutscht ist?
4. Mona hält Oskar am Arm fest. Was soll Oskar jetzt tun?
5. Hat Oskars Mama selbst Schuld daran, dass das Geheimnis geplatzt ist, weil sie Oskar von der Party erzählt hat?

Jetzt seid ihr an der Reihe

Schreiben

- ☐ Was wird Oskar nun tun? Schreibe die Geschichte zu Ende.
- ☐ Oskar hat eine geniale Idee, wie er aus der Situation herauskommt. Schreibe ein überraschendes Ende.

Weiterspielen

- ☐ Oskar erzählt seiner Schwester gezwungenermaßen von der Party. Mona sagt dazu: „Jetzt hast du die ganze Überraschung verdorben, du Plaudertasche!" Da steht ihre Mama auf einmal in der Tür. Macht ein Rollenspiel zu dieser Szene.

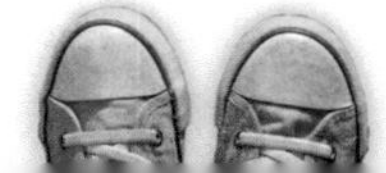

Regeln zum Mittag

Für das tägliche Mittagessen hat sich Sarahs Mama eine ganze Reihe von Mittagessen-Regeln ausgedacht. Sie hat diese Regeln auf ein gelbes Blatt geschrieben und an den Kühlschrank gehängt. Eine Regel lautet: „Wer den letzten Schluck aus der Flasche nimmt, muss eine neue holen."
Sarah greift nach der Flasche auf dem Tisch. Sie merkt, dass sich die Flasche schon ziemlich leicht anfühlt, sodass bestimmt nicht mehr viel drin ist. Ein Blick auf die Gläser ihrer Geschwister verrät: Ihr kleiner Bruder Ben hat auch nicht mehr viel in seinem Glas und er wird bestimmt noch was haben wollen. Hinter der Küchentür steht leider auch keine Flasche mehr, sodass Sarah in den dunklen Keller laufen muss, um eine neue zu holen. Aber im Keller gibt's Spinnen. Und außerdem liegen die Weinflaschen dort im Regal nebeneinander wie schlafende Geister. Das ist zu gruselig, denkt Sarah. Sie schraubt die Flasche auf, gießt sich nur ein bisschen Wasser ein und stellt die Flasche zurück auf den Tisch. Natürlich, jetzt greift Ben nach der Flasche. Nur ein halber Schluck tröpfelt in sein Glas. „Sarah, das finde ich nicht gut!", sagt Mama gereizt. „Ich hatte eben nicht mehr Durst!" entgegnet Sarah.

Darüber solltet ihr sprechen

1. Wie findest du die Mittagessen-Regel von Sarahs Mama? Ist das eine sinnvolle Regel? Begründe.
2. Was meinst du: Warum schenkt sich Sarah nur wenig ein? Begründe.
3. Sarah sagt zu ihrer Mama: „Ich hatte eben nicht mehr Durst!" Kann das sein? Begründe deine Einschätzung.
4. Was wird ihre Mama von Sarahs Aussage halten? Was könnte sie antworten?
5. Wie könnte Sarah ihr Problem mit dieser Regel lösen?
6. Wie hättest du dich an Sarahs Stelle verhalten?

Jetzt seid ihr an der Reihe

Schreiben

☐ Wie geht die Geschichte weiter? Schreibe sie zu Ende.

☐ Sarah muss nun doch in den gruseligen Keller gehen, um eine neue Flasche zu holen. Was wird sie dort alles erleben? Schreibe eine Gruselgeschichte.

Weiterspielen

☐ Sarah weigert sich, in den Keller zu gehen. Ihre Geschwister mischen sich ein. Sie finden eine Lösung. Macht ein Rollenspiel.

Gestalten

☐ Wie könnte Sarahs gruseliger Keller aussehen? Male ein Bild dazu.

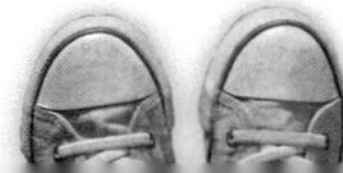

Total ungerecht

47

Jonas liebt Süßigkeiten. Am liebsten mag er die sauren Gummibärchen vom Kiosk neben der Schule. Aber seit dem letzten Herbst darf er so was nicht mehr einfach so essen, weil er Typ-1-Diabetes bekommen hat.
Er muss jetzt immer vorher seinen Blutzucker messen und Insulin spritzen. Wenn der Blutzucker zu hoch ist, muss er mit dem Essen warten. Seine Mama hat auch verboten, dass er sich Süßigkeiten von seinem Taschengeld kauft. Denn Süßigkeiten seien nicht gut für seinen Körper. Das sieht Jonas auch ein. Trotzdem würde er einfach gern wie andere Kinder Süßigkeiten essen, wann er will. Eines Tages kommen seine Brüder Max und Ramon nach Hause und haben sich von ihrem Taschengeld eine Tüte mit sauren Gummibärchen gekauft. Am Nachmittag vor dem Fernseher schieben sich die beiden schmatzend ein Gummibärchen nach dem anderen in den Mund. Jonas muss ständig auf ihre raschelnden Tüten schielen. Er merkt, wie er das starke Bedürfnis hat, sich auch ein paar von diesen Gummibärchen in den Mund zu stecken. Aber sein Blutzucker ist zu hoch, das geht gerade nicht.
Plötzlich steht er mitten in der Sendung auf, geht zu seiner Mama und fordert: „Solange ich keine Süßigkeiten essen darf, musst du das Max und Ramon auch verbieten!
Das ist sonst total ungerecht!"

Darüber solltet ihr sprechen

1. Warum hat Mama verboten, Süßigkeiten zu kaufen? Findest du das richtig? Begründe.
2. Ist es ungerecht, dass sich seine Brüder Süßigkeiten kaufen dürfen? Begründe.
3. Wie findest du das Verhalten der Brüder? Wie fühlt sich Jonas, als er vor dem Fernseher sitzt?
4. Soll Jonas' Mama Max und Ramon auch verbieten, Süßigkeiten zu essen? Begründe.
5. Welche Vereinbarung könnte Jonas' Familie treffen, um solidarisch mit ihm zu sein? Was bedeutet Solidarität?

Jetzt seid ihr an der Reihe

Schreiben

☐ Was wird Jonas' Mama wohl entscheiden? Schreibe die Geschichte zu Ende.

Weiterspielen

☐ Baut ein Standbild zu der Szene, in der Jonas mit seinen Brüdern vor dem Fernseher sitzt.

☐ Jonas sitzt mit seiner Familie beim Essen. Da sprechen Jonas' Eltern das Thema Süßigkeiten an. Sie machen Vorschläge zum Süßigkeitenkonsum und fordern von Max und Ramon solidarisches Verhalten gegenüber Jonas. Macht ein Rollenspiel zu dieser Szene.

Peinliches Geschenk

Carl hat Geburtstag. Er wird neun. Wie jedes Jahr steht im Wohnzimmer ein üppig gefüllter Geschenketisch. Auch wie immer ist der Raum bunt geschmückt. Eine Girlande mit neun Carl-Fotos ist quer durchs Zimmer gespannt. Aus jedem Jahr ein Foto. So kann Carl die gewaltige Entwicklung, die er in den letzten neun Jahren gemacht hat, sofort erkennen. Zum Geburtstagsfrühstück ist Oma eingeladen. Ein hübsch verpacktes Geschenk hat sie natürlich auch für ihn dabei. Erwartungsvoll reißt Carl das bunte Papier ab. Ob es das große Raumschiff ist, das er ihr letztens im Laden noch gezeigt hat? Doch zum Vorschein kommt kein Raumschiff, sondern ein hässlicher Pulli in babyblau mit einem fetten Schlappohr-Hasen vorn drauf. Zu allem Übel knabbert der Hase noch an einer Mohrrübe.

Carl ist maßlos enttäuscht: „Ernsthaft?!“, mault er. „Carli!“, sagt Papa mit mahnendem Unterton. Oma schaut enttäuscht. „Hey, die Farbe steht dir so gut, Großer!“, sagt sie und zieht ihm den peinlichen Pulli schon über den Kopf. „Perfekt, sieht süß aus! Den kannst du gleich für die Schule anbehalten!“, fügt sie zufrieden hinzu.

Doch Carl denkt: Niemals! Die anderen Kinder werden sich nicht mehr halten können vor Lachen. Er setzt an, etwas zu sagen …

Darüber solltet ihr sprechen

1. Wie findest du Carls Reaktion auf das ungeliebte Geschenk? Wie könnte er noch reagieren? Was hättest du gemacht?
2. Kennst du das Sprichwort „Einem geschenkten Gaul schaut man nicht ins Maul“? Was bedeutet das? Wie denkst du darüber?
3. Darf man sagen, wenn man ein Geschenk nicht mag? Begründe.
4. Warum sagt Carls Papa mit mahnender Stimme „Carli“? Was denkst du: Was sollten seine Eltern sagen?
5. Soll Carl den Pulli seiner Oma zuliebe anziehen? Begründe.

Jetzt seid ihr an der Reihe

Schreiben

☐ Was wird Carl tun? Schreibe die Geschichte zu Ende.

☐ Oma ist enttäuscht. Sie sagt zu Carl: „Du bist verwöhnt und undankbar.“ Carl erklärt und entschuldigt sich in einem Brief an sie.

Weiterspielen

☐ Carls Oma, seine Eltern und er diskutieren über das Geschenk und Carls Verhalten. Macht ein Rollenspiel zu dieser Szene.

Gestalten

☐ Carl steht in dem Häschen-Pulli vor seiner Oma. Zeichne zu dieser Szene eine Karikatur.

Heimliches Gruselkino

49

Miras hat ein Regal voll mit Gruselbüchern über Geister und Vampire. Die Bücher hat er alle gelesen, doch wirklich gruselig sind sie gar nicht. Bei einem Streaming-Anbieter im Account seines großen Bruders Luam gibt es eine Vampirserie, die Luam gerade schaut. Miras will mitgucken, aber Luam lehnt ab: „Kleine Jungs kriegen davon Angst.“ Mama meint das leider auch: „Für solche Serien bist du noch zu jung. Lies lieber deine Gruselbücher.“ „Die sind baby“, beschwert sich Miras, aber Mama will nicht diskutieren. Als Miras einmal mit Luam allein zu Hause ist, ist das die Gelegenheit, um wenigstens kurz in die Serie zu schauen. Er kennt Luams Anmelde-Code und Luam telefoniert gerade in seinem Zimmer. Nur im größten Notfall darf Miras ihn stören. Wenige Klicks und Miras startet die Serie. Doch schon nach wenigen Minuten stoppt er sie wieder. Das ist wirklich schlimm gruselig. Er legt sich ins Bett, kann aber trotz eingeschalteter Lampe nicht einschlafen. Immer wieder sind sie da, die Bilder von den spitzen Vampirzähnen und dem vielen Blut. Er will Luam rufen. Oder besser noch: seine Eltern anrufen und sagen, dass sie nach Hause kommen sollen. Doch Luam und die Eltern dürfen ja nicht wissen, dass er die Serie heimlich gestreamt hat.

Darüber solltet ihr sprechen

1. Warum erlaubt Miras' Mama ihm nicht, Luams Vampir-Serie anzusehen? Findest du das Verbot gerechtfertigt? Soll sie das für ihn entscheiden?
2. Miras schaut sich die Serie heimlich an. Ist sein Plan dumm, leichtsinnig oder schlau?
3. Was hat Miras falsch gemacht?
4. Warum zögert Miras, Luam oder seine Eltern zu rufen?
5. Was könnte Miras jetzt tun? Soll er beichten, dass er heimlich in die Serie reingeschaut hat? Was würdest du an seiner Stelle tun?

Jetzt seid ihr an der Reihe

Schreiben

☐ Was wird Miras tun, um endlich schlafen zu können? Schreibe die Geschichte zu Ende.

☐ Mache eine Liste: „Die besten 5 Tipps gegen Angst und Grusel“.

Weiterspielen

☐ Miras fragt Luam, ob er seine Mama anrufen darf. Luam sagt: „Wenn du mir einen guten Grund nennst, kannst du sie anrufen!“ Spielt die Szene.

Gestalten

☐ Wie könnten die gruseligen Bilder aussehen, die Miras immer wieder in den Kopf kommen? Male ein Bild.

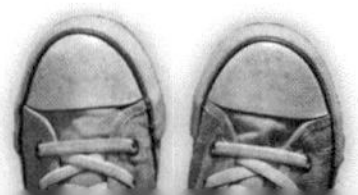

Papas Patchwork-Pias

Seit Pia mit ihrem Papa zu Anja und deren Tochter, die auch Pia heißt, gezogen ist, ist nichts mehr, wie es war: Pia lebt jetzt nicht mehr in einer unaufgeräumten Wohnung mitten in der Stadt. Papa föhnt ihr beim Frühstück auch nicht mehr die Haare und es gibt kein Abendessen mehr auf dem Sofa. Stattdessen wohnen sie jetzt gemeinsam in einer aufgeräumten Wohnung und es wird immer am Tisch gegessen.
Manchmal sehnt sich Pia nach ihrem alten, lustigen Leben mit Papa allein, auch wenn sie Anja und die andere Pia sehr gerne hat. Außerdem glaubt sie immer mehr, dass ihr Papa gar keinen Unterschied mehr sieht zwischen ihr und Anjas Pia. Er nennt sie neuerdings auch immer „meine beiden Patchwork-Pias". Aber auch wenn sie gleich heißen, gleich alt sind und die gleiche Frisur tragen, muss sie für ihren Papa doch die wichtigere Pia sein.
Als sie gemeinsam Pläne fürs Wochenende machen, sagt ihre Schwester: „Ich möchte am Samstag schwimmen gehen." Pia hat selbst große Lust aufs Schwimmbad. Dennoch äußert sie einen anderen Wunsch: „Ich möchte eine Radtour zum Technikmuseum machen." Wenn sie ihrem Papa wichtiger ist als die andere Pia, dann wird er dafür sorgen, dass sie die Radtour machen.
Doch ihr Papa ruft entschieden: „Da muss dann wohl das Los entscheiden!"

Darüber solltet ihr sprechen

1. Warum nennt Pias Papa die beiden Mädchen „Patchwork-Pias"? Was stört Pia wohl daran?
2. Pia möchte für ihren Papa die wichtigere Pia sein. Sollte ihr Papa einen Unterschied machen zwischen den beiden Pias? Begründe deine Meinung.
3. Warum äußert Pia einen anderen Wunsch als ihre Schwester?
4. Pia glaubt: Wenn ihr Papa ihren Wunsch vorzieht, ist sie ihm wichtiger. Was meinst du zu Pias Überlegung?
5. Warum will Pias Papa losen? Wie findest du diese Idee?

Jetzt seid ihr an der Reihe

Schreiben

☐ Pia ist wütend auf alles. Sie schreibt ihrer Mama im Chat. Hier schreibt sie ihre Gedanken und Gefühle auf. Schreibe den Chat.

Weiterspielen

☐ Pia wirft ihrem Papa vor, dass er sie nicht mehr so lieb hat wie früher. Spielt dieses Streitgespräch der Familie. Findet eine Lösung, wie alle zufrieden sind.

Gestalten

☐ Stelle dir einen Tag in Pias altem Leben und einen Tag in Pias neuem Leben vor. Stelle beide Tage in einem kleinen Comic dar.

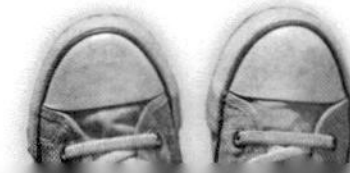

Notizen